Gehirnjogging für Erwachsene

Wie Sie mit gezieltem Gedächtnis-training Ihre Merkfähigkeit verbessern und Ihr logisches Denken trainieren können

Über 70 Denksport-Übungen

Wolfgang von Lindmal

Bibliografische Information der Deutschen Nationalbibliothek: Die Deutsche Nationalbibliothek verzeichnet diese Publikation in der Deutschen Nationalbibliografie; detaillierte bibliografische Daten sind im Internet über dnb.dnb.de abrufbar.

1. Auflage,

ISBN: 979-8-6244-2615-3

Inhaltsverzeichnis

Liebe Leserin,
lieber Leser,

ich freue mich, dass Sie sich dafür entschieden haben, mich auf einer ganz besonderen Joggingtour zu begleiten. Mein Name ist Wolfgang von Lindmal und ich habe nach meiner aktiven Zeit als Mediziner diesen Ratgeber entwickelt, um Ihnen zu zeigen, wie einfach Sie Ihre Merkfähigkeit trainieren können und so zu mehr Lebensqualität im Alltag gelangen. Also nehmen Sie sich etwas Zeit und joggen Sie mit mir gedanklich durch dieses Buch. Das Leben ist schließlich kein Sprint, sondern ein Marathon, für den man sich fit halten sollte.

Ich wünsche Ihnen nun viel Spaß beim Rätseln und Knobeln.

Ihr

Wolfgang von Lindmal

Haftungsausschluss

Die Inhalte dieses Buches wurden mit größtmöglicher Sorgfalt erstellt. Der Anbieter übernimmt jedoch keine Gewähr für die Richtigkeit, Vollständigkeit und Aktualität der bereitgestellten Inhalte. Die Nutzung der Inhalte des Buches erfolgt auf eigene Gefahr des Nutzers.

1 Die Wichtigkeit unseres Gedächtnisses

In unserer schnellen und sich stetig verändernden Zeit wird von uns vor allem eines gefordert: schnelle und effiziente Informationsaufnahme. Wer erfolgreich sein will, muss Zuverlässigkeit und Kreativität beweisen, offen sein für neue Ansätze und immer alles im Blick haben. Die Voraussetzung dafür ist ein gesundes Gehirn, das stetig arbeitet und dazu lernt. Auch für das private Wohlbefinden ist ein gestärkter Verstand wichtig; denn nur wer klar denken kann, lässt sich nicht so leicht von Ängsten überwältigen.

Diese Anforderungen sind hoch, aber nicht unerfüllbar. Wenn Sie sich mit Ihren kognitiven Fähigkeiten beschäftigen und sich darüber im Klaren sind, wie wichtig mentale und geistige Herausforderungen sind, wird es Ihnen nur logisch erscheinen, regelmäßig Gehirnjogging zu machen. Gehirnjogging bezeichnet das Training der geistigen Leistungsfähigkeit und hilft dabei, den Verstand und die Sinne zu schärfen. Menschen jeden Alters optimieren so ihre Denkfähigkeit, ihr Sprachzentrum und viele weitere Bereiche des Gehirns, die sich ohne Beanspruchung verschlechtern können. Auch

Sie haben die Chance, Ihren Geist mit anspruchsvollen Aufgaben zu stärken, um so Ihr volles Potenzial entfalten zu können.

1.1 Sie sollten Ihr Gedächtnis trainieren, wenn...

...Sie oft das Gefühl haben, den Durchblick zu verlieren. Offensichtliche Dinge fallen Ihnen nicht auf oder Sie kommen einfach nicht mehr mit, wenn Ihnen auf der Arbeit jemand einen komplexen Sachverhalt schildert. Auch wenn Sie sich keine Namen merken können oder Ihnen Termine und wichtige Daten wie Geburtstage und Jahrestage nicht mehr einfallen wollen, sollten Sie Gehirnjogging in Erwägung ziehen. Weitere Anzeichen sind Konzentrationsschwäche, Nervosität und Ungeduld. Sie tun sich vielleicht schwer damit, sich über einen langen Zeitraum auf eine Sache zu fokussieren oder sind sofort überfordert, wenn Sie mehrere Tätigkeiten gleichzeitig ausführen müssen. Womöglich fühlen Sie sich auch oft unkreativ und lustlos oder haben das Gefühl, keinen Spaß mehr am Lernen von neuen Dingen zu haben.

All diese Empfindungen sind menschlich und normal. Jeder vergisst schließlich mal, nach der

Arbeit noch schnell Milch zu kaufen oder verlegt seine Autoschlüssel. Auf Dauer können solche Vorfälle jedoch belastend sein und zu unangenehmen Situationen führen – was wird Ihre Chefin denken, wenn Sie erneut vergessen haben, einen wichtigen Kunden zu kontaktieren? Wie genervt wird Ihr Kind sein, wenn Sie schon wieder den Namen seines oder ihres besten Freunds vergessen haben?

Solche Szenarien, in Kombination mit im Alter immer größer werdenden Gedächtnislücken, können Angst machen, insbesondere wenn man Verwandte oder Bekannte hat, die selbst mit Krankheiten wie Demenz und Alzheimer zu kämpfen haben. Dieser Angst kann mit Gehirnjogging effektiv entgegengetreten werden.

1.2 Motivation

Doch nicht nur die Angst vorm Vergessen sollte Sie zum Gedächtnistraining motivieren. Denn die regelmäßige, aktive Beschäftigung mit unseren kognitiven Sinnen hat das Potenzial, uns in fast allen Lebensbereichen zu verbessern. Und doch fällt es vielen schwer, Gedächtnisübungen in ihren Alltag zu integrieren oder bewusst knifflige Aufgaben zu lösen. Sport bleibt nun mal Sport, auch wenn er im Geist stattfindet. Da hilft nur: Dranbleiben und das Ziel immer vor Augen haben. Sie wollen konzentrierter sein. Sie wollen neue Dinge schnell aufnehmen können. Sie wollen sich auf Ihr Gedächtnis verlassen können. Selbstoptimierung ist ein Ziel, für das es sich lohnt, den inneren Schweinehund zu besiegen und sich Stück für Stück neuen Herausforderungen zu stellen.

1.3 Zu diesem Buch

Und genau dafür ist dieses Buch da: Um zu informieren, zu motivieren und um Sie davon zu überzeugen, dass Sie Ihr Gedächtnis ganz leicht auf Trab halten und Ihr Leben somit verbessern können. Es gibt sehr viele Wege, wie Sie Gehirnjogging in Ihren Alltag einbauen und dabei auch noch Spaß an der Sache haben können. Nehmen Sie sich jeden Tag ein paar Minuten Zeit und fordern Sie sich selbst heraus, mit kleinen Übungen und schwierigen Rätseln. Die Aufgaben in diesem Buch haben das vordergründige Ziel, Ihre Konzentration, Belastbarkeit, Geduld, Kreativität, Denkfähigkeit, Ihr Allgemeinwissen sowie Textverständnis und Ihre Sprachkompetenz zu optimieren. Sie trainieren also eine Vielzahl von Bereichen, die direkt mit Ihren Gehirnfunktionen verbunden sind und die regelmäßige Beanspruchung brauchen, um gut zu funktionieren. Warum das so ist, erfahren Sie im nächsten Kapitel.

2 Unser Gehirn

2.1 Funktionsweise des Gehirns

Wie funktioniert unser Gehirn eigentlich? Es ist schließlich nicht einfach nur ein Bündel aus grauen Zellen, das in unserem Kopf steckt. Es bestimmt über unseren Körper und unseren Geist, ist für Stimmungsschwankungen, Charakterzüge und andere essenzielle Komponenten unseres Lebens verantwortlich. Das vergessen wir oft und nehmen es als selbstverständlich hin. Dabei ist das Gehirn ein komplexes Meisterwerk der Natur, das es lohnt, auch als Laie näher kennenzulernen. Unternehmen wir also eine kleine Tour durch unseren Kopf:

Das menschliche Gehirn hat in etwa die Größe von zwei geballten Fäusten und wiegt durchschnittlich 1,4 Kilogramm. Es ist in verschiedene Bereiche aufgeteilt und besteht aus 100 Milliarden Nervenzellen, Neuronen genannt, und einer Billion

Stützzellen, die das Gewebe stabilisieren. Um die Funktionen des Gehirns zu verstehen und es gezielt zu trainieren ist es wichtig zu wissen, welcher Bereich für was genau zuständig ist.

Zum einen wäre da das Kleinhirn. Es ist zuständig für unser Gleichgewicht und koordiniert unsere Bewegungen, gibt dem Körper also Anweisungen, wenn wir beispielsweise balancieren oder lediglich einen Schritt vor den anderen setzen. Der Hirnstamm mitsamt dem Mittelhirn ist ebenfalls für Körperbewegungen zuständig, außerdem für Gesichtsausdrücke oder Augenbewegungen sowie für die Regulierung des Herzschlags, der Atmung und des Blutdrucks. Es hat aber noch eine weitere wichtige Funktion: Es verknüpft Kleinhirn, Großhirn und Rückenmark und leitet Informationen von einem zum anderen Standort weiter.

Kommen wir zum wahrscheinlich interessantesten Bereich des Gehirns, dem Großhirn. Das Großhirn ist aufgeteilt in eine rechte und eine linke Hälfte, welche als Hemisphären bezeichnet werden. Sie sind mit einem dicken Strang von Nervenfasern verbunden, dem Corpus Callosum. Das Großhirn ist so wichtig, weil es nicht nur Bewegungen koordiniert und die Informationen unserer Sinnessysteme verarbeitet, sondern auch unsere Gefühle steuert und für unsere Intelligenz und unser Gedächtnis verantwortlich ist. Mit Gehirnjogging werden also hauptsächlich das Großhirn und seine Fähigkeiten gestärkt.

Die rechte und linke Hemisphäre bestehen jeweils aus mehreren Bereichen, Lappen genannt, unter denen die Funktionen aufgeteilt sind. Jede Hemisphäre ist für eine Seite des Körpers zuständig, die rechte für die linke Seite des Körpers und die linke Hemisphäre für die rechte Körperseite. Wenn beispielsweise bei einem Schlaganfall die rechte Großhirnseite geschädigt wird, führt das zu Lähmungen der linken Körperseite.

Schauen wir uns nun die Gehirnlappen näher an. Bestimmt haben Sie den Begriff „Frontallappen“ schon einmal gehört. Dieser Bereich liegt direkt hinter der Stirn und ist besonders für die Neuropsychologie interessant, weil hier Denkprozesse, Erinnerungen und Verhalten gesteuert werden. Im Frontallappen ist also sozusagen die Essenz unseres Charakters gespeichert, also die Art, wie wir mit Informationen umgehen, was uns zu dem gemacht hat, wer wir sind und wie wir Handlungen umsetzen. Bei Schädigungen dieses

Bereichs durch Gewalteinwirkung bei einem Unfall oder Ähnlichem kann es also passieren, dass sich im Extremfall Aspekte unserer Persönlichkeit ändern, wir vielleicht aggressiver oder ängstlicher werden. Im Frontallappen befindet sich zudem unser Kurzzeitgedächtnis, das bestimmt, wie gut und wie lange wir vor Kurzem erhaltene In-formationen abspeichern.

Hinter dem Frontallappen liegt der Parietallappen, der für sensorische Verarbeitungen zuständig ist, also Reize erkennt und auch die räumliche Aufmerksamkeit möglich macht. Der Parietallappen ermöglicht es uns, räumlich zu denken und uns Dinge vorzustellen. Darüber hinaus finden hier die Prozesse statt, die uns lesen und rechnen lassen.

Auch wichtig ist der Temporallappen in der unteren Hälfte der Hemisphären, wo das Sprach- und Hörzentrum des Menschen liegt. In diesem Lappen spielt unsere Erinnerungsfähigkeit eine Rolle sowie unsere Fähigkeit zu lernen und das Gelernte auch zu behalten. Der Temporallappen sorgt dafür, dass wir uns im Alltag an Wichtiges erinnern und beinhaltet zudem eine Bandbreite an lexikalischen Zentren, damit wir gesprochene oder geschriebene Worte erkennen können.

Im Okzipitallappen schließlich werden visuelle Impulse der Netzhaut in den Sehrinden verarbeitet und interpretiert. Durch Verbindungsbahnen zum Frontallappen wird so herausgefunden, was wir sehen, ob wir es einem bekannten Sehmuster zuordnen können und wo wir als Nächstes hinschauen sollten. Unsere Sinne und unser Gehirn arbeiten also eng zusammen und sind voneinander abhängig.

Es gibt noch immer zahlreiche Bereiche des menschlichen Gehirns, die Forscher bis heute im Unklaren über ihre Funktion lassen. Und doch wissen wir schon eine ganze Menge über das, was in unserem Kopf passiert, und können dieses Wissen nutzen, um unser Gedächtnis gezielt zu trainieren (2).

2.2 Warum wir vergessen

Das Vergessen ist tatsächlich ein sehr wichtiger Prozess. Nur wenn unser Gehirn regelmäßig unwichtige Informationen löscht, haben wir genug Platz im Geist, um Neues aufzunehmen. Außerdem schützt es uns, denn unangenehme Erinnerungen werden bewusst verdrängt, damit wir uns dem Hier und Jetzt widmen können.

Im Alltag hingegen kommt uns Vergesslichkeit nicht gerade zugute. Wir haben Verantwortung und können es uns nicht leisten, Dinge zu vergessen. Und wenn wir ehrlich sind, ist es auch einfach nervig, ständig seine Brille irgendwo liegen zu lassen oder versehentlich Termine auf den gleichen Tag zu legen. Aber wieso passiert so etwas?

Es gibt mehrere Gründe. Einer, der am besten erforschten ist, dass Erinnerungen in unserem Gehirn miteinander konkurrieren. Unterbewusst wird entschieden, welche Erinnerung wichtiger ist als eine andere, die dann rigoros aussortiert wird. Wieso haben Sie Ihren Zahnarzttermin am Donnerstag um 15 Uhr vergessen? Weil Sie seit letzter Woche wiederholt an das bevorstehende Date am gleichen Tag gedacht haben.

Vielen Menschen macht vor allem das Kurzzeitgedächtnis zu schaffen. Sie können wichtige Informationen nicht schnell genug aus dem Gedächtnis hervorlocken oder vergessen, warum sie gerade in einen bestimmten Raum gegangen sind. Diese kleinen Blackouts kommen vor allem dann vor, wenn sich das Gehirn überfordert fühlt und nicht die Stärke hat, aus den ganzen gespeicherten Informationen die richtige herauszusuchen, wenn wir uns doch gleichzeitig einreden, dass alle wichtig sind. Die Speicherkapazität des Kurzzeitgedächtnisses ist begrenzt, und so gehen vor allem kleine Informationen und Erinnerungen verloren.

Haben es Fakten und Erinnerungen ins unerschöpfliche Langzeitgedächtnis geschafft, bleiben sie meistens auch dort. Allerdings verändern sie sich jedes Mal ein kleines bisschen, wenn wir uns an sie erinnern, was zu Verunsicherung führen kann. Haben Sie das rote Kleid wirklich zum Geburtstag geschenkt bekommen, oder nicht doch zu Weihnachten?

Wie bereits erwähnt ist es normal, ab und zu etwas zu vergessen oder unkonzentriert zu sein, insbesondere dann, wenn in Ihrem Leben gerade sehr viel los ist und Sie nicht die Zeit finden, Ihrem Kopf auch mal eine Pause zu gönnen. Trotz dessen kann Gehirnjogging helfen, weniger vergesslich zu sein und Gedächtnislücken erst gar nicht entstehen zu lassen. (3, 4)

2.3 Wie wir trainieren können

Eine wichtige Voraussetzung für einen gesunden Geist ist natürlich ein gesunder Körper. Nur wer sich gesund ernährt und regelmäßig körperlich aktiv ist, kann sich auch gut konzentrieren und schnell denken.

Außerdem ist es wichtig, das Gehirnjogging öfter als ein- oder zweimal durchzuführen und viele Übungen, wenn möglich, in seinen Alltag einzubauen. Das Gehirn funktioniert im Prinzip wie jeder andere Muskel und wird nur nachhaltig gestärkt, wenn es regelmäßig beansprucht wird. Es bringt also nicht allzu viel, sich dieses Buch nur einmal durchzulesen und danach nicht mehr daran zu denken. Versuchen Sie, Übungen zu finden, die Ihnen Spaß machen und bei denen Sie das Gefühl haben, geistig wirklich gefordert zu werden, und führen Sie sie immer wieder durch – allein oder mit anderen. Gedächtnisübungen sollten zur Routine werden. Nehmen Sie sich jeden Tag ein paar Minuten und beschäftigen Sie sich bewusst mit

Ihrem Denken. Analysieren Sie, ob Ihre Schwäche z.B. eher beim Kopfrechnen oder beim Buchstabieren liegt, ob Sie Probleme mit dem Kurzzeitgedächtnis haben oder sich nicht so gut auf mehrere Dinge gleichzeitig konzentrieren können. Dann können Sie diese Defizite gezielt trainieren und werden sich schon bald mental fitter fühlen.

Ein weiterer wichtiger Faktor: Geduld. Machen Sie sich nicht zu viel Stress. Zwingen Sie sich nicht dazu, dreißig Minuten an einer Logikaufgabe zu hängen, nur um dann frustriert aufzugeben. In Ihrem täglichen Leben lastet wahrscheinlich so schon genug Druck auf Ihnen, also fühlen Sie sich nicht schlecht, wenn Sie mal länger keine Zeit für Gehirnjogging haben. Besser ist es zu versuchen, durch Planung und Koordination jeden Tag ein bisschen freie Zeit einzurichten, während der Sie sich erholen und Ihrem Gehirn eine kleine Pause gönnen. Erst dann wird es Ihnen möglich sein, durch gezieltes Training Erfolge zu erzielen.

Wichtig ist es auch, das Lernen mit viel Positivem zu verbinden. Belohnen Sie sich also selbst, wenn Sie eine Übung erfolgreich gemeistert haben, z.B. mit einem Stück Schokolade oder einer fünfminütigen Meditation. Fragen Sie auch Familienmitglieder oder

Freunde, ob sie ein paar Denkaufgaben mit Ihnen zusammen durchführen wollen. Durch das gemeinsame Meistern von kognitiven Herausforderungen wird das Gemeinschaftsgefühl gestärkt und dank der dabei entstehenden Diskussionen und Bilder können Sie sich die Übungen besser merken. (1)

3 Joggingtour: Aufgaben

3.1 Konzentration

Konzentration erfordert, seine Aufmerksamkeit bewusst und gezielt auf eine Sache zu lenken, ohne sich dabei von etwas anderem stören zu lassen. Besonders, wenn viel um einen herum passiert, wenn es also laut ist oder einen ständig andere Dinge und Personen beanspruchen, ist es sehr schwer, sich zu konzentrieren. Auch innere Konflikte können dazu führen, dass man abgelenkt ist und sich die Gedanken zerstreuen. So was kommt vor und ist unvermeidlich. Die gute Nachricht: Konzentrationsfähigkeit kann erlernt und muss sogar regelmäßig trainiert werden. Ziel ist es vor allem, zu üben, geduldig zu sein und störende Faktoren auszublenden, damit sich das Gehirn vollends auf eine Sache fokussieren kann. Vor allem kleinere Konzentrationsübungen, die mit Worten oder Rechenaufgaben zu tun haben helfen, die Frustrationstoleranz auf Dauer zu erhöhen und Sie allgemein aufmerksamer zu machen. (6, 5, 7)

Meditation

Meditation eignet sich perfekt als Aufwärmung für Ihre Gehirnjogging-Routine. Schließen Sie dafür die Augen, atmen Sie regelmäßig ein und aus und lenken Sie Ihre Aufmerksamkeit auf Ihre Atmung und Ihren Herzschlag. Denken Sie dabei an nichts anderes, egal wie schwer das zu Beginn ist. Nur zehn Minuten Meditation täglich führen zu einer Modifikation Ihrer Nervenverbindungen. Ihr Gehirn wird quasi „heruntergefahren" und Sie konzentrieren sich für kurze Zeit einzig auf Ihren Körper. Diese Übung wirkt sich langfristig auf Ihre Aufmerksamkeitstoleranz und Ihre Entscheidungsfähigkeit aus. Ihr Geist bekommt zumindest für ein paar Minuten am Tag vollständige Ruhe und ist dann bereit, sich auf anstehende Dinge zu fokussieren. Es bietet sich, an zu meditieren, bevor Sie Ihren Tag richtig starten oder auch dann, wenn Sie im Stress sind und sich kurz sammeln wollen.

Buchstaben streichen

Diese Übung lässt sich perfekt in die Frühstücksroutine einbauen – Sie brauchen lediglich eine Zeitung oder ein Magazin, einen Stift und eine Uhr. Um die Zeit zu stoppen, bietet sich die Stoppuhr-

App Ihres Smartphones an. Suchen Sie sich eine Seite der Zeitung raus und streichen Sie in jeder Zeile einen Buchstaben raus, den Sie vorher festgelegt haben. Stoppen Sie dabei die Zeit und versuchen Sie, wirklich jeden Buchstaben zu erwischen. Wenn Sie diese Übung mehrmals in der Woche durchführen, werden Sie merken, dass Sie sich immer besser und schneller auf die Worte konzentrieren können. Wenn Sie den Schwierigkeitsgrad steigern wollen, streichen Sie mehrere festgelegte Buchstaben auf zwei oder sogar drei Seiten der Zeitschrift.

Fingerübung

Diese Fingerübung trainiert Koordination und Konzentration. Tippen Sie mit Ihrem Daumen einmal auf jede Fingerspitze der restlichen Hand, also vom Zeigefinger bis zum kleinen Finger, und dann die Reihe wieder zurück bis zum Zeigefinger. Machen Sie das mit der rechten und der linken Hand, erst hintereinander und dann gleichzeitig. Die Übung wird schwerer, wenn Sie immer schneller tippen oder an einer Hand eine andere Reihenfolge durchgehen als bei der anderen Hand.

Tippen Sie z.B. mit der rechten Hand vom kleinen

Finger bis zum Zeigefinger und mit der linken Hand gleichzeitig in die entgegen-gesetzte Richtung.

Alphabet von hinten

Um Ihr Erinnerungs- und Konzentrationsvermögen zu stärken, versuchen Sie das Alphabet mal rückwärts aufzusagen. Oder sagen Sie es von vorne auf, lassen dabei aber jeden zweiten, dritten, sechsten Buchstaben aus. Diese Aufgabe lässt sich im Kopf gut in der Bahn oder in der Einkaufsschlange durchführen und ist trotzdem sehr anspruchsvoll. Kommen Sie nicht hinterher, nutzen Sie Ihre Finger zum Abzählen oder fangen Sie noch einmal von vorne an. Ihr Gehirn wird dabei automatisch jeden anderen Gedanken zur Seite schieben und sich gezielt auf die Reihenfolge der Buchstaben konzentrieren.

Eine Minute

Für diese Übung benötigen Sie eine Stoppuhr. Starten Sie die Uhr und schließen Sie dann die Augen. Zählen Sie nun die Sekunden so lange, bis Sie glauben bei 60 Sekunden angekommen zu sein. Sehen Sie dabei nicht auf die Uhr, sondern konzentrieren Sie sich auf das gleichmäßige Zählen. Sie werden schnell merken, dass es ziemlich schwer sein kann, nicht schneller oder langsamer zu zählen. Das passiert häufig dann, wenn Sie anfangen die zweistelligen Zahlen im Kopf aufzusagen. Wenn Sie bei einer Minute angekommen sind, öffnen Sie Ihre Augen wieder und überprüfen Sie, ob Sie die Sekunden im richtigen Tempo gezählt haben. Noch schwerer wird es, wenn Sie die Übung über mehrere Minuten machen. Die Gefahr, sich zu verzählen, ist dann noch höher und Sie dürfen sich von nichts ablenken lassen. Übrigens ist diese Aufgabe auch eine tolle Methode, sich in stressigen Situationen kurz zu sammeln und gleichmäßig zu atmen.

Spiegelverkehrt

Suchen Sie sich für diese Übung einen beliebigen Text aus – aus einer Zeitschrift oder einem Buch – und schreiben Sie diesen auf ein Blatt Papier ab. Schreiben Sie ihn mit der Hand, mit der Sie gewöhnlich nicht schreiben, wenn sie Linkshänder sind also mit der rechten und wenn sie Rechtshänder sind mit der linken Hand. Wählen Sie außerdem am besten einen Text, den Sie vorher noch nicht gelesen haben. Möchten Sie die Übung noch schwieriger gestalten, schreiben Sie die Worte bzw. Sätze spiegelverkehrt. So fördern Sie Ihre Konzentrationsfähigkeit und die Kommunikation in Ihrem Gehirn, weil Geist und Motorik stark zusammenarbeiten müssen.

Wolkenspiele

Hier sind räumliches Denken, Konzentration und vor allem Kreativität gefragt! Betrachten Sie den Himmel an Tagen, an denen große und kleine Wolken den Himmel durchziehen und bestimmen Sie deren Formen. Schließen Sie dann für ein paar Sekunden die Augen, öffnen Sie sie wieder und finden Sie die vorher bestimmte Form. Das hört sich leicht an, aber oft bewegen sich Wolken schnell und die Interpretationsmöglichkeiten sind grenzenlos.

Ohne Taschenrechner

Dass wir im Alltag mit dem Kopf rechnen müssen ist klar. Oft benutzen wir aber aus Faulheit doch lieber den Taschenrechner oder gehen Matheaufgaben generell aus dem Weg. Dabei ist das Rechnen im Kopf eine tolle Art, das Gedächtnis zu trainieren. Wenn Sie also das nächste Mal einkaufen, versuchen Sie doch einfach mal den Einkaufswert zu berechnen, ohne dabei auf den Taschenrechner Ihres Handys zurückzugreifen. Wenn im Fernsehen oder in Magazinen das Alter einer Person angezeigt wird, versuchen Sie so schnell wie möglich, deren Geburtsjahr auszurechnen oder berechnen sie Prozentwerte bei Angeboten. Mit der Zeit werden Sie automatisch solche kleinen Rechnungen im Kopf durchführen und rechnen vielleicht sogar schneller als der Taschenrechner.

Phantasiereise

Tagträume geben uns die Möglichkeit, für ein paar Momente der Realität zu entfliehen. Sie können aber auch in Denksport verwandelt werden, sobald etwas Struktur hineingebracht wird. Begeben Sie sich auf eine Phantasiereise und stellen Sie sich ganz explizit Szenarien vor. Das hilft der Weiterentwicklung Ihrer Konzentration, Kreativität und Ihrem Vorstellungsvermögen. Schreiben Sie Ihre Phantasiereise auf oder diskutieren Sie mit anderen darüber. Es gibt kein Richtig oder Falsch, wichtig ist nur, dass Sie sich die Szenarien genau vorstellen und an Details denken. Hier ein paar Denkanstöße:

Existenzgründung: Stellen Sie sich vor, Sie würden ein eigenes Unternehmen gründen. Wie würde das aussehen? Welche Marktlücke würden Sie bedienen? Wie wäre der Name des Unternehmens? Wären Sie ein Dienstleister oder der Hersteller eines Produktes? Wer wäre Ihre Zielgruppe? Wie viele Mitarbeiter hätten Sie? Wer wären Ihre Geschäftspartner?

Künstlerkarriere: Stellen Sie sich vor, Sie wären ein Künstler. Wären Sie ein Schauspieler, ein Sänger, ein Autor, ein Maler, oder etwas ganz anderes? Was würden Sie produzieren? Was wäre Ihre größte Inspiration? Wer wäre Ihr größtes Vorbild? Wie würden Sie mit Ihren Fans interagieren? Würden Sie Interviews geben? Könnten Sie mit den Paparazzi umgehen?

Weltreise: Stellen Sie sich vor, Ihnen würde Geld für eine ganze Weltreise geboten werden. Welche Länder würden Sie bereisen, in welcher Reihenfolge? Warum wollen Sie ausgerechnet diese Länder sehen? Würden Sie hauptsächlich auf dem Meer oder auf dem Land reisen? Welche Sehenswürdigkeiten würden Sie gerne sehen? Würden Sie jemanden mitnehmen oder alleine reisen?

Luft-Zahlen

Eine gute Methode, um Ihre Konzentration und Koordination zu üben, ist das Zeichnen von Zahlen in der Luft. Zeichnen Sie mit der linken Hand eine Zahl in die Luft und mit der rechten Hand eine andere. Wiederholen Sie das dreimal und versuchen Sie dann, beide Zahlen gleichzeitig zu zeichnen. Steigern Sie den Schwierigkeitsgrad, indem Sie sich dabei auf ein Bein stellen oder die Zahlen sehr schnell zeichnen. Insbesondere Zahlen wie Null, Acht und Vier sind zur gleichen Zeit schwer in der Luft zu zeichnen. Auf diese Art werden neue Hirnareale aktiviert und die Motorik gefördert.

Musizieren

Ein Instrument spielen zu lernen fordert das Gehirn sehr, dazu werden durch kleine Erfolge – wenn Sie also einen Ton richtig treffen – Glückshormone ausgeschüttet, die dem Lernen zugutekommen. Wenn Sie sich darauf konzentrieren, ein Instrument zu spielen, wird die Verbindung der Sinnesreize mit Ihrem Gehirn gefördert und die Kreativität stimuliert. Während sich Ihre rechte Gehirnhälfte beim Spielen auf die Melodie konzentriert, hilft die linke Hälfte dabei, im Takt zu bleiben. Musizieren eignet sich daher perfekt fürs Gehirnjogging und macht dabei noch Spaß!

Genaues Zuhören

Bei dieser Gedächtnisübung lauschen Sie einem Gespräch, das gerade im Fernsehen oder im Radio verfolgt werden kann und zählen dann, wie oft ein gewisses Wort gesprochen wird. Das erfordert genaues Zuhören und hohe Konzentration. Um den Schwierigkeitsgrad zu steigern, drehen Sie die Lautstärke herunter oder zählen Sie mehrere Worte, die am besten auch oft verwendet werden. Solche Worte können sein:

der – ein – und – aber – vielleicht – sicher – sie – er – oder – wann – danke – richtig - das

Operatoren

Auch Rechenaufgaben fordern die Konzentration. Sehen Sie sich die folgenden Rechenaufgaben an und versuchen Sie, die fehlenden Operatoren zwischen den Zahlen zu bestimmen (+, -, *), damit die Rechnung aufgeht.

(Punkt- vor Strichrechnung wird nicht beachtet)

4 _ 5 _ 6 _ 3 = 6

54 _ 42 _ 2 = 11 _ 3

19 _ 15 _ 11 _ 10 _ 19 = 95

19 _ 8 _ 8 _ 2 _ 8 = 29

6 _ 3 _ 2 _ 9 _ 19 _ 10 = 333

7 _ 4 _ 10 _ 1 _ 18 _ 3 = 59

6 _ 18 _ 3 _ 14 _ 5 = -215

2 _ 15 _ 10 _ 7 _ 10 = 30

Zahlenreihen

Diese Zahlenreihen folgen allesamt einem bestimmten Muster. Bestimmen Sie, welche Zahlen in die Lücken müssen, um die Reihe richtig fortzuführen. Achten Sie dabei auf die Abstände zwischen den Zahlen und ihre Beziehungen zueinander und rechnen Sie im Kopf.

1. 2 4 6 _ 10 12

2. 4 16 64 _ 1024 4096

3. 1 2 6 24 _ 720

4. 45 15 18 6 9 _

5. 25 2 26 23 _ 24

6. 1 4 9 16 _ 36

Wörter finden

Im folgenden Buchstaben-Wirrwarr sind sechs Wörter enthalten, die es gilt herauszufinden. Die Worte sind vorwärts und teilweise rückwärts geschrieben und nicht leicht zu erkennen. Versuchen Sie trotzdem, diese so schnell wie möglich zu finden. Gehen Sie am besten jede Zeile einzeln durch und konzentrieren Sie sich auf die möglichen Verbindungen der Worte. Die versteckten Worte sind: Gehirnjogging, Sprechen, Aufzeigen, Üben, Verstecken und Training.

ZcgZHövgGjähgczubUHnüilngzvzhBnikjmujvhhubJnj
GHKklgzHNKLübEnhZOgFzuiijHFJIKFGzuuZuzHJuzjhb
hxjigopöpotraiNinGkmCrdSZGIKh6zgvhnjHuFrGNjUI
FTZjJggnlgGojnriHeghfTjJbFzdmQtzcxJHFkfdHFhvbd
GfdHOLbyRipöNfvxsweubdctgJnFfrtHcvqextjhBjlGzk
bCThKkljchLhFZIBfTJlbfuzJLhnDFuzIKJMolFVdrtspRec

HendugbiugwsErSXTTbkmuhzgRDvzuaufZeiGEnuibU
IhulfvtRDTFzhgvzfkjnekcetSreVjwvDSghDgjmIfwyVn
kolUrfwsafNjurtCHJKgrtHJkGkKLlöBJcfEDvjNkkBJML
mobgvzzLfcjmvzKghfjkFJlWqplÖnyOFhnmku

Tiernamen

Die folgenden Wörter bezeichnen Tiernamen, die Buchstaben sind allerdings durcheinander. Stellen Sie die korrekte Reihenfolge wieder her.

EZKTA – DRFEP – DCHEESIE – SLEMA – ORSCFH – NHDU – ÄLECHAOMN – USDLFEEMAR – FIEFRGA – SELE – PDNLIERF – PNENIS – WINCHES – HSFUC – RISHHC – LELUAQ – DLRAE - SCHMEWEIERNHNCE

3.2 Sprachzentrum

Sprache spielt in unserem Leben eine große Rolle. Die tägliche Kommunikation mit Kollegen, Freunden oder Fremden ist entscheidend dafür, wie wir wahrgenommen werden und somit auch, welche Chancen sich uns eröffnen. Eine kreative und effektive Rhetorik beeindruckt und verleiht Sicherheit – wer sicher spricht, steht gleichzeitig gerader und kann andere besser überzeugen. Um Ihr Sprachzentrum zu trainieren, können Sie sich jeden Tag die Zeit nehmen, kreative oder sachliche Texte zu schreiben oder versuchen, eine neue Sprache zu lernen. Letzteres mag als große Herausforderung erscheinen, doch Ihr Gehirn ist in jedem Alter in der Lage, Sprachmuster zu erkennen und sich neue Wörter zu merken. Wie wäre es also mit Französisch, Spanisch oder Japanisch?

Wer nicht die Zeit zum Lernen von Sprachen oder zum Schreiben von Texten hat, kann sein Sprachzentrum trotzdem mit geistigen Wortspielen und sprachlichen Aufgaben trainieren, von denen nun die effektivsten vorgestellt werden. (vgl. 6)

Buchstabieren

Buchstabieren ist eine einfach durchzuführende Übung, die sich positiv auf Ihr Sprachzentrum und Ihre Konzentrationsfähigkeit auswirkt. Ob zu Hause oder unterwegs, achten Sie einfach auf die Worte um sich (auf Plakaten, Straßenschildern, Zeitungen etc.) und buchstabieren Sie diese im Kopf. Versuchen Sie, die Buchstaben so schnell wie möglich von vorne oder von hinten in Gedanken zu nennen. Je länger das Wort, desto schwieriger das Buchstabieren. Wer es etwas schwerer haben möchte, kann auch ganze Sätze buchstabieren.

Ein Wort vermeiden

Entscheiden Sie sich morgens für ein spezifisches Wort, welches Sie dann den ganzen Tag lang nicht mehr benutzen werden. Das klingt leicht, doch sich ständig an das verbotene Wort zu erinnern und verschiedene Wege zu finden, es zu vermeiden, kann die grauen Zellen ganz schön beanspruchen. Nehmen Sie am besten Wörter, die in Ihrem täglichen Sprachgebrauch oft vorkommen, wie z.B. „jetzt", „aber" oder „nein", oder versuchen Sie, gleich mehrere Wörter für einen Tag zu verbannen.

Sätze bilden

Eine weitere tolle Art, Ihr Sprachzentrum zu beanspruchen ist, Sätze zu bilden. Hierbei müssen Sie aus einer Vielzahl unterschiedlicher Wörter Sätze bilden, die dann eine kleine Geschichte ergeben. Je nachdem wie unterschiedlich die Wörter sind, werden diese Geschichten natürlich nicht immer viel Sinn ergeben. Darum geht es aber auch gar nicht. Das Ziel ist es, in Gedanken möglichst viele Kombinationsmöglichkeiten abzuwägen, um so das Gefühl für Sprache und Ihre Kreativität zu stärken. Diese Übung bietet sich ebenfalls dafür an, sie mit mehreren Personen durchzuführen. Hier eine Auswahl an Worten, die Sie dazu nutzen können:

Feuer – Schminke – erschaffen – Haus – lieblich – Faultier – Blumen – Handgriff – trösten – Amerikaner – Klavier – Suppe – verstecken

Spielen mit Kennzeichen

Autofahrten können schnell langweilig werden. Warum trainieren Sie also nicht Ihr Gedächtnis ein wenig und versuchen, die Kennzeichen der Autos um Sie herum in Worte und Sätze zu verwandeln?

Ordnen Sie dazu einfach jedem Buchstaben ein Wort zu, sodass ein halbwegs logischer Satz dabei herauskommt. Aus „MBH-S“ kann so z.B. „Mein Bruder hasst Stau“ werden. Aber egal wie viel Spaß diese Übung macht, vergessen Sie nicht, weiterhin auf den Straßenverkehr zu achten!

Wortketten

Diese Aufgabe lässt sich am besten mit mehreren Personen durchführen. Dabei nennt die erste Person ein Wort, das aus zwei Worten zusammengesetzt ist. Die zweite Person stellt das letztere Wort an den Anfang ihrer eigenen Wortkombinationen und so weiter. Ein Beispiel: „Badezimmer“ – „Zimmerpflanze“ – „Pflanzendünger“

Versuchen Sie, die Wortketten so lang wie möglich zu machen. Wenn Sie die Übung alleine absolvieren, schreiben Sie die Worte auf und denken Sie sich selbst Weiterführungen aus.

Zungenbrecher

Zungenbrecher sind eine lustige und zugleich sehr herausfordernde Art, das Sprachzentrum zu optimieren. Vor allem solche, in denen oft die Buchstaben k, g, b und p vorkommen sind besonders schwer. Zungenbrecher mit h oder f gelten allgemein als etwas leichter. Versuchen Sie den ganzen Tag über, immer mal wieder an eines der schwierigen Satzkonstrukte zu denken und es in Ihrem Kopf aufzusagen. Sprechen Sie den Zungenbrecher dann so schnell wie möglich laut aus. Das ist schwerer, als man denkt und die Gefahr ist groß, dass Sie sich verhaspeln – nicht ohne Grund nutzen professionelle Sprecher Zungenbrecher als Artikulationsübung zum Aufwärmen. Das Gehirn muss sich dabei sehr konzentrieren und auf die Verbindung von Sprachgefühl, Hörgefühl und Artikulation setzen. Probieren Sie es einfach mal aus:

Blaukraut bleibt Blaukraut und Brautkleid bleibt Brautkleid.

Der Potsdamer Postkutscher putzt die Potsdamer Postkutsche. (vgl. 17)

Sechzig tschechische Chemiker checken rechnerisch technische Schemata.

Wenn Hessen in Essen Essen essen, essen Hessen Essen in Essen.

Kerkermeister Kerkeling kärchert klebrige Körper,

klebrige Körper kärchert Kerkermeister Kerkeling.

Der kleine plappernde Kaplan klebt klappbare poppige Pappplakate an die klappernde Kapellwand. (vgl. 18)

Worte bilden

Suchen Sie sich für diese Aufgabe als Erstes verschiedene Wörter aus, die Sie auf ein Blatt Papier schreiben. Sie können kurz sein, am besten aber etwas länger. Schreiben Sie dann eines der Worte erneut auf, diesmal jedoch in komplett falscher Reihenfolge und in Großbuchstaben. Aus „Trompete“ können Sie so „OPETRMET“ oder „PORTMETE“ machen. Schauen Sie sich den Buchstabensalat dann genau an und probieren Sie, ganz neue Worte damit zu bilden. Aus unserem Beispiel könnten Sie Worte wie Tee, Meer, Peter oder Tom machen. Je länger das Wort ist, desto mehr Möglichkeiten gibt es. Bilden Sie außerdem nicht nur Nomen, sondern auch andere Wortarten. Aus „erhob“ können beispielsweise die Worte heb, Ohr, Ober und roh entstehen. Probieren Sie es selbst! Hier ein paar Wortvorschläge:

Gitarre – Kindergartenkind – Spülmaschine – ehrenhaft – Lampenschirm – nebenbei – Eierkocher – Gestell – Vorführung – Teelicht – spiegelverkehrt – Reinigung – Straßenfeger – Autobahn – Neujahr

Unendliche Worte

In der deutschen Sprache kann aus so gut wie jedem Wort ein anderes gemacht werden, indem immer mehr Silben drangehängt werden. Versuchen Sie, dieses Potenzial voll auszunutzen und Wörter zu bilden, die sehr lang und trotzdem noch halbwegs sinnvoll sind.

Beispiele sind Begriffe wie:
Schiffskapitänmützenschneider,
Polizeihundetrainerpfeife,
Arbeiterunfallversicherungsbeamter,
Bundesausbildungsförderungsgesetzbeauftragter
und ähnliche.

Beim Bilden langer Wörter ist das Sprachzentrum des Gehirns sehr aktiv. Versuchen Sie auch, lange Wörter zu buchstabieren und diese aufzuschreiben.

Verschmolzene Worte

Die nachfolgenden Worte sind miteinander „verschmolzen" worden. Versuchen Sie zu erkennen, um welche zwei individuellen Worte es sich handelt.

HONTIGEE – KELÖFRZFELE – AUTRIEORSE – LAMWÄSCPHEE – PABUCPIEHR - WIMARKESERE – DECKHAEND - TIMÖSCBEHL – HEBÖLLIZUENGR – HUAUNTOD – SCHMIRASNKENE – WEIRRNTENIS – LADDIEENB – HAWARNUSUNG – SCHMFREERZUDEEN – LICSCHHTIFF – RABILSEND - HALELOI

Neue Abkürzungen

Fordern Sie Ihre sprachliche Kreativität heraus, indem Sie sich für bereits bekannte Abkürzungen neue ausdenken. Ob im Straßenverkehr, auf der Arbeit oder online, Abkürzungen sind überall leicht zu finden. Aus „BGB" könnte z.B. „Bienen-GesellschaftsBund" werden, oder aus „USA" „UntereSchubladenArmee". Dass diese neuen Abkürzungen Sinn machen, ist nicht wichtig. Es geht darum, kreativ und wortgewandt zu sein. Hier noch ein paar Beispiele für Abkürzungen, die Sie umdichten können:

TÜV – StVO – MFG – BMW – UNO – LKW – SOS – HNO – PLZ – LOL – ZDF – NATO

Anfang und Ende

Für diese Aufgabe suchen Sie sich einen Buchstaben des Alphabets und schreiben ihn zweimal auf, etwa so: A...A – D...D – K...K - E...E - N...N und so weiter. Überlegen Sie dann, welche Worte mit dem jeweiligen Buchstaben am Anfang und am Ende gebildet werden können. Für das erste Beispiel also Worte wie „Amerika“ oder „Anna“. Sie können auch andere Endbuchstaben nehmen, also: A...T oder N...E. Für letzteres würde sich dann „Nonne“ oder „nenne“ anbieten. Versuchen Sie, alle möglichen Wörter zu finden und aufzuschreiben. Erhöhen Sie den Schwierigkeitsgrad, indem Sie sehr lange Worte bilden oder Begriffe suchen, die zu einer bestimmten Branche gehören. Also Worte, die beispielsweise mit H...N gebildet werden, mindestens acht Buchstaben haben und mit Natur zu tun haben. So lässt sich die Übung immer weiter steigern.

Stegreifrede

Sie wollen Ihre Redegewandtheit und Rhetorik verbessern? Dann machen Sie mit einem Partner diese Übung, bei der Sie auf einem Blatt Papier von Ihrem Mitspieler drei Begriffe vorgegeben bekommen. Zu jedem Begriff müssen Sie dann eine kleine Rede schreiben und haben für jedes Thema genau fünf Minuten Zeit. Die Begriffe können dabei aus sehr verschiedenen Bereichen stammen und müssen nichts miteinander zu tun haben. Auch wenn Sie über eines der Themen nicht viel wissen, versuchen Sie trotzdem, eine sinnvolle und rhetorisch relativ ausgefeilte Rede zu schreiben. Hier ein paar Themenvorschläge:

Raumfahrt – Gartenarbeit – Operationen – Nagetiere – Hundeerziehung – Möbel - Joggen

Richtige Sprichwörter

Versuchen Sie herauszufinden, wie die hier veränderten Sprichwörter ursprünglich lauteten. Einige sind leicht zu erkennen, andere etwas schwieriger. Verlassen Sie sich auf Ihre sprachliche Intuition! Die richtigen Sprichwörter finden Sie im Lösungskapitel.

A. Himbeere ist Silber, Blaubeere ist Gold.
B. Bäume wachsen auch nicht an einem Tag.
C. Viele Architekten verderben den Bau.
D. Kleine Becher, wenig Wasser, große Becher, viel Wasser.
E. Kommt Zeit, kommt Winter.
F. Luft geht durch die Lungen.
G. Bäume machen Wälder.
H. Das ist Zaunfink wie Amsel.
I. Der Ziegel fällt nicht weit vom Dach.
J. Der Juni macht, was er will.
K. Die frühe Katze fängt den Vogel.

Adjektive sammeln

Entscheiden Sie sich spontan für einen Gegenstand oder ein Tier, für das Sie dann Adjektive suchen. Versuchen Sie, für jeden Begriff mindestens 10, am besten sogar 20 beschreibende Worte zu finden. Für „Apfel“ also: rot, grün, rund, saftig, fruchtig... oder für „Amsel“: zwitschernd, flink, fliegend, klein, laut... und so weiter. Wenn Sie die Übung mit einem Partner durchführen, lassen Sie ihn nur anhand der

Adjektive das gesuchte Wort erraten und wechseln Sie sich dann ab. Konzentration, Sprachgefühl und Gedächtnis werden so trainiert.

Begriffsumfeld

Die Übung „Begriffsumfeld“ können Sie auch nur im Kopf durchgehen, hilfreicher ist es aber, Papier und Stift zu Hilfe zu nehmen. Als Erstes schreiben Sie einen Begriff auf und kreisen diesen ein, z.B. „Freude“. Dann erstellen Sie eine Mindmap für das Wort: Darüber schreiben Sie einen abstrakteren Überbegriff für die Sache, also „Gefühl“. Für die linke Seite müssen Sie das Gegenteil/das Gegenstück des Begriffs finden, wie „Traurigkeit“. Rechts soll das Synonym für das Wort stehen, also etwas wie „Vergnügen“ oder „Lachen“. Unter den Begriff kommt ein Beispiel oder eine Unterkategorie wie „Schadenfreude“. Ein anderes Beispiel wäre das Wort Hund: Überbegriff wäre dann „Tier“, als Gegenteil kann „Katze“ genommen werden, ein Synonym wäre „Haustier“ und Unterkategorien „Dackel“ oder „Schäferhund“. Erstellen Sie Mindmaps für andere Begriffe und trainieren Sie so Ihr laterales Denken:

Auto – Hitze – Uhr – Neid – Feuer – Schlafen – Wald

– Schriftsteller – Sofa – Kochen – Schwitzen – Autobahn – Elefant – Deutschunterricht – Pralinen – Sonne – Banane – Schwimmen – Bus

Verschwundene Selbstlaute

In den folgenden Worten fehlen die Selbstlaute. Versuchen Sie, alle Wörter zu erkennen und die richtigen Vokale einzusetzen (A, E, I, O, U, Ä, Ö, Ü). Diese Übung zeigt, wie sehr Sie sich auf die Kombinationsgabe Ihres Sprachzentrums verlassen können. Wenn Ihnen die Aufgabe in Deutsch zu leicht ist, bitten Sie jemanden darum, die Vokale aus diversen englischen Wörtern zu nehmen.

DKMNT – XPRMNT – TRGRFF – MLLHLD – WRKSTTT – FRHLNG – WRTSPL – ZMMR – PFLNZ – BCHR – SCHNTTMNG – BTTLKN – KLDRSCHRNK – TRPPNSTFN – SNDNG – FLGHFN – FNSTR – BLDR

Zu viele Buchstaben

In den hier aufgelisteten Wörtern stecken mehr Buchstaben als nötig. Versuchen Sie, die Worte trotzdem zu erkennen und filtern Sie heraus, welche Buchstaben überflüssig sind. Die umklammerten

Zahlen hinter den Worten geben an, wie viele Extrabuchstaben darin enthalten sind.

SPORINGIEN (2) - KAMTZIE (2) – RABSKEMN (3) – FXLUHGHAIFENN (4) – TKRITÜT (2) – TELICAH (2) – ZURGFFAHSRDT (4) – LEKLBEON (3) – MAPNNKDSCWHAPFT (5) – LIPEBGE (2) – PURZEZLEP (3) – WÄCLTDER (2) – POSETBIOPTFE (4) – SCHALÜHSSJEL (3) – STIMMFT (2) – WEASTSELR (3)

3.3 Erinnerungsvermögen

Lange Zeit wurde davon ausgegangen, dass die Leistungsfähigkeit des Gehirns und das Erinnerungsvermögen mit zunehmendem Alter automatisch abnehmen. Heute weiß man, dass dem nicht so ist – auch ältere Menschen können noch hohe geistige Leistungen erbringen. Gründe für Vergesslichkeit sind z.B. Alkohol- oder Medikamentensucht, Stress und Schlafmangel oder Nährstoffmangel. Abgesehen davon kann das Erinnerungsvermögen mit der Zeit „einrosten", wenn es nicht genug gefordert wird. Auch als junge oder erwachsene Person sollten daher Übungen wie die dieses Kapitels im Alltag durchgeführt werden. So verbessern sich Ihre kognitiven Fähigkeiten nicht an sich, sondern Ihr Gehirn lernt, seine Kapazitäten besser zu nutzen. Übungen, die erfordern, dass Sie sich an bestimmte Dinge erinnern oder Neues lernen, führen dazu, dass Sie schneller gewünschte Erinnerungen aus dem Gedächtnis kramen können. Besonders durch geistige Spiele wie das Ausdenken von Eselsbrücken wird Ihre linke kreative Gehirnhälfte mit der rechten rationalen Hälfte verbunden, da Sie während des Merkprozesses eigene Erinnerungen mit Worten und Bildern verknüpfen. (vgl.8, 13)

Zeitfragen

Die Übung „Zeitfragen" können Sie jederzeit und überall durchführen – versuchen Sie einfach, sich an Ereignisse einer bestimmten Zeit zu erinnern oder stellen Sie sich vor, was nach einem bestimmten Zeitfenster in Ihrem Leben passieren wird. Beispielsweise:

„Wo war ich vor genau 24 Stunden?"

„Was habe ich vor drei Tagen gegessen?"

„Wen werde ich in 72 Stunden wahrscheinlich treffen?"

„Wie werde ich nächsten Mittwoch zur Arbeit kommen?"

Versuchen Sie, die Antworten zu diesen oder ähnlichen Fragen so schnell wie möglich zu finden. Diese Übung wird Ihr Erinnerungsvermögen erheblich bessern.

Auswendiglernen

Viele von uns haben wahrscheinlich seit der Schule nicht mehr aktiv etwas auswendig gelernt. Dabei ist das eine relativ leichte Methode, sein Erinnerungsvermögen zu verbessern. Prägen Sie sich einen Text oder ein Gedicht Ihrer Wahl in einer vorgegebenen Zeit gut ein, am besten mehrere Male innerhalb einer Woche. Versuchen Sie dann, das Gelernte korrekt aufzuschreiben, oder tragen Sie es sich selbst vor. Auch das Auswendiglernen von Liedern oder Zitaten hilft Ihr Gedächtnis fit zu halten.

Tagesplanung

Die Tagesplanung ist nicht nur eine gute Art, Ihren Alltag strukturierter zu gestalten, sondern auch eine gute Gedächtnisübung. Stellen Sie sich dafür jeden Abend vor dem Schlafengehen den nächsten Tag vor: Was werden Sie tun und wann werden Sie es tun? Wen werden Sie treffen? Was möchten Sie vermeiden? Viele machen das bereits unterbewusst, doch sich ein paar Minuten bewusst das vorzustellen, was morgen auf einen zukommt, macht einen erheblichen Unterschied. Sie merken sich Ihren bevorstehenden Tagesablauf übrigens besser, wenn Sie nach der Planung direkt schlafen gehen und nicht noch fernsehen oder Ihr Smartphone benutzen. Über Nacht verarbeitet Ihr Gehirn die Erinnerungen dann erneut und es ist weniger wahrscheinlich, dass Sie etwas Wichtiges vergessen.

Blind

Eine Aufgabe, die sich vielleicht nicht jeder zutraut, die aber doch sehr effektiv ist: Gewohnte Tätigkeiten wie Anziehen oder Duschen einfach mal mit geschlossenen Augen durchführen. Durch die fehlende Sehfähigkeit werden so andere Sinne zum Ausgleich geschärft und Ihr Gehirn steht vor der Herausforderung, sich an die gewohnten Handgriffe ohne visuelle Stimulation zu erinnern. Tasten Sie also in der Dusche blind nach Ihrem Shampoo, kämmen Sie sich blind Ihre Haare oder versuchen Sie sogar, mit geschlossenen Augen in der Küche nach einem bestimmten Gegenstand zu suchen.

Redewendung

Um Langzeitgedächtnis und Sprachzentrum gleichzeitig zu fordern, eignet sich die Übung "Redewendungen". Hierbei wird ein Wort genannt, zu welchem Sie dann innerhalb kurzer Zeit fünf Redewendungen finden müssen. Ist beispielsweise das Wort „Ohr" vorgegeben, sammeln Sie

Redewendungen wie „Jemanden übers Ohr hauen“ oder „Etwas hinter die Ohren schreiben“. Steigern Sie den Schwierigkeitsgrad, indem Sie zu jedem Wort zehn Redewendungen aufzählen, oder geben Sie feste Zeitfenster vor. Hier ein paar Beispielwörter:

Vogel – Tisch – Geld – Schuhe – Blume – Bär – Affe – Besen – Bäume – Birne – Tomaten - Wasser

Wegbeschreibung

Viele Wege in Ihrem Leben kennen Sie wahrscheinlich auswendig. Aber wenn Sie jemand spontan danach fragt, wie er fahren muss, um an ein bestimmtes Ziel zu gelangen, kommen Sie wahrscheinlich erst mal ins Stottern. Das ist normal, schließlich braucht Ihr Gehirn ein paar Sekunden, um die Bilder vor Ihrem inneren Auge in eine Anleitung zu überführen. Trainieren Sie das, indem Sie auf einem Blatt Papier Ihren Weg zur Arbeit, zu einem Verwandten oder in einer bestimmten Stadt beschreiben. Schließen Sie dazu Ihre Augen und stellen Sie sich bildlich vor, wie Sie fahren oder gehen würden. Wo müssen sie rechts oder links abbiegen? Wann kommt der Kreisverkehr? Wie heißt die Zielstraße? Fordern Sie Ihr inneres

Navigationssystem heraus, indem Sie Wegbeschreibungen zu Ihnen bekannten oder auch unbekannten Orten anfertigen. Erinnern Sie sich dabei auch an Details, z.B. an welchen Stellen Sie besonders vorsichtig fahren müssen oder wo Tankstellen liegen.

Mentales Tagebuch

Auch diese Übung lässt sich ganz einfach in den Alltag einbauen. Nehmen Sie sich dafür jeden Abend ein paar Minuten, am besten vor dem Einschlafen, und lassen Sie den Tag Revue passieren. Stellen Sie sich als Erstes bildlich vor, wie Sie in ein "mentales Tagebuch" schreiben. Denken Sie dann an jede Tätigkeit, die Sie von morgens bis abends ausgeführt haben und versuchen Sie auch, sich Details ins Gedächtnis zu rufen. Haben Sie die Bilder des Tages im Kopf und stellen Sie sich dabei vor, wie Sie die Geschehnisse formulieren könnten. In etwa so: „Liebes Tagebuch. Heute bin ich um 6:55 Uhr aufgestanden, also wie immer, etwa 20 Minuten zu spät. Das war aber nicht allzu schlimm, weil mein Mann bereits das Frühstück vorbereitet hatte. Es gab Brot, Eier, Kaffee..."

Natürlich können Sie auch ein reguläres, physisches

Tagebuch führen, doch das regelmäßige Nacherzählen von Ereignissen im Kopf steigert das Erinnerungsvermögen auch ohne Aufschreiben. Wem dieses tägliche Ritual zu viel ist, der kann sich auch an mentale Wochenrückblicke gewöhnen, die die komplette Woche zusammenfassen.

Verstecken

Bitten Sie eines Ihrer Familienmitglieder oder einen Freund darum, einen Gegenstand in einem Zimmer zu verstecken. Sie wissen dabei, um welchen Gegenstand es sich handelt, aber nicht wo er versteckt wurde. Stoppen Sie dann die Zeit und versuchen Sie, innerhalb einer Minute den Gegenstand zu finden. Ihr Erinnerungsvermögen wird dadurch gefördert, da Sie sich an mögliche Verstecke erinnern müssen, die groß genug für den Gegenstand sind. Je nachdem wie klein der Gegenstand oder wie groß das Zimmer ist, gestaltet sich diese Übung leichter oder schwieriger.

Sternbilder

Wäre es nicht imposant, wenn Sie einfach nachts in den Himmel schauen und bestimmen könnten, welche Sternbilder gerade zu sehen sind? Nicht nur Astronomie-Fans finden Spaß daran, Sternbilder auswendig zu lernen und so die visuelle Merkfähigkeit zu stärken. Im Internet oder in Büchern finden Sie Abbildungen der Sterne und deren Bezeichnungen. Sehen Sie sich die Bilder genau an und zeichnen Sie die Sternbilder nach. Versuchen Sie auch, die Namen der verschiedenen Konstellationen auswendig zu lernen und sie beim nächsten Blick in den Nachthimmel zu bestimmen. Das ist eine tolle Technik, um Ihr Erinnerungsvermögen zu verbessern und neue Synapsen im Gehirn bilden zu lassen, da Sie Namen mit Bildern und Handbewegungen gleichzeitig verknüpfen. Häufig zu sehende Konstellationen sind der Große Wagen, der Kleine Wagen, Orion und Kassiopeia. Sie sind nicht sicher, ob Sie die Sternbilder richtig benannt haben? Es gibt zahlreiche Apps, die Ihnen helfen, den Nachthimmel zu scannen.

Zwei Minuten

Nehmen Sie Stift und Papier und stoppen Sie die Zeit, während Sie innerhalb von zwei Minuten so viele Begriffe einer Kategorie aufzählen, wie Sie können. Versuchen Sie, um die Ecke zu denken und so viele Bereiche wie möglich abzudecken. Machen Sie diese Aufgabe mit anderen und vergeben Sie für jeden gefundenen Begriff Punkte.

1. Zählen Sie Gegenstände auf, die grün sind.

2. Zählen Sie unterschiedliche Begriffe bzw. Dinge auf, die laut sind.

3. Nennen Sie Dinge, mit denen man Musik machen kann, die aber *keine* Instrumente sind.

4. Zählen Sie Schauspieler auf und nennen Sie für jeden einen Film, in dem er/sie mitgespielt hat.

5. Nennen Sie alle Pflanzenarten, die Sie kennen.

6. Zählen Sie Gegenstände auf, die eine glatte Oberfläche haben.

Namen merken

Sich schnell Namen zu merken, kann sehr schwerfallen. Dabei gibt es einen guten Trick dafür, der dem Gehirn hilft, sich an den richtigen Namen einer Person zu erinnern. Dafür erstellen Sie sich quasi ein eigenes Memory im Kopf, wenn Sie jemand Neues kennenlernen: Sie merken sich ein herausstechendes äußeres Attribut der Person und verknüpfen das sofort mit dem neuen Namen. Lernen Sie also einen Herren kennen, der eine große Brille trägt, die seine Augen groß erscheinen lässt, denken Sie vielleicht als Erstes an die großen Augen eines Uhus. Der Mann wird Ihnen als Herr Schenk vorgestellt. Dann wiederholen Sie den Namen zusammen mit dem Bild eines Uhus immer wieder im Geist. Wenn Sie Herrn Schenk dann das nächste Mal treffen, kommt Ihr Gedächtnis womöglich nicht sofort auf seinen Namen. Sie denken aber sofort an einen Uhu, was Sie wiederum an „Schenk“ erinnert. Durch das Zuordnen verschiedener Bilder zu neuen Namen erinnern Sie sich schneller und leichter und vermeiden damit unangenehme Situationen und schlechte Eindrücke.

Assoziationskette

Erinnern Sie sich für diese Übung als Erstes an ein bestimmtes Ereignis in Ihrem Leben. Das können besondere Ereignisse wie eine Hochzeit oder eine große Geburtstagsfeier sein, oder kleinere wie ein Tagesausflug zum Zoo oder ein Kinobesuch. Schreiben Sie dann auf ein Blatt Papier untereinander Wörter, die Ihnen beim Erinnern an das Ereignis spontan direkt in den Sinn kommen. Finden Sie mindestens 20 Begriffe, die etwas mit der Erinnerung zu tun haben. Dann folgt der nächste Teil: Sehen Sie sich die Worte an und beginnen Sie, Zusammenhänge zu ergründen. Versuchen Sie, immer zwei oder mehr Worte mit Pfeilen zu verbinden und dazuzuschreiben, wieso sie zueinander gehören. Stehen also z.B. die Worte „Kleid“ und „Drink“ zusammen, schreiben Sie etwas über die Verbindung der Worte im Zusammenhang mit der Erinnerung, etwa „Kleid gewechselt, weil Drink verschüttet“. So können Sie Ihre Gedankensprünge nachvollziehen und erkennen, wieso Ihnen manche Dinge vor anderen eingefallen sind. Wenn Sie diese Übung über einen längeren Zeitraum immer wieder machen, wird Ihnen zudem auffallen, dass sich die Erinnerungen an Momente stetig verändern und Ihnen andere Begriffe als

Erstes einfallen.

3.4 Kurzzeitgedächtnis

Neben dem Trainieren des allgemeinen Erinnerungsvermögens bzw. des Langzeitgedächtnisses sollte auch dem Kurzzeitgedächtnis Aufmerksamkeit zukommen. Im Job oder zu Hause sind wir darauf angewiesen, uns an Kleinigkeiten zu erinnern: Wo habe ich die Schlüssel hingelegt? Wann muss ich Susanne vom Training abholen? Welcher Kollegin sollte ich Bescheid sagen? Dank unseres Kurzzeitgedächtnisses können wir neue Erinnerungen aufnehmen und sie zuordnen. Deswegen ist es wichtig, es fit zu halten und öfter mal aufs Googeln zu verzichten. Versuchen Sie also, sich Telefonnummern einzuprägen, anstatt sie nur aufzuschreiben, gehen Sie ohne Merkzettel einkaufen oder führen Sie einige der hier aufgelisteten Übungen durch. So verhindern Sie, dass Sie ständig auf Erinnerungsstützen angewiesen sind und Ihr Gehirn zu schnell Informationen aussortiert, die Sie eigentlich brauchen. (13, 6)

Genaues Zuhören

Dies ist eine Übung, die allein oder gemeinsam ausgeführt werden kann. Stellen Sie den Fernseher oder das Radio für ein paar Minuten sehr leise und versuchen Sie dann, das Gesprochene zu verstehen und zu wiederholen. Das erfordert hohe Aufmerksamkeit und trainiert Ihr Gedächtnis. Führen Sie die Übung mit anderen durch, machen Sie Notizen während des Zuhörens und vergleichen Sie sie mit deren Notizen – haben Sie alle das Gleiche verstanden? Um das Ganze zu steigern, dehnen Sie den Zeitraum aus oder stellen Sie das Gerät noch leiser.

Was fehlt?

Mit dieser Aufgabe trainieren Sie intensiv Ihr Kurzzeitgedächtnis und Ihre Konzentration. Am besten führen Sie sie mit einer oder mehreren anderen Personen aus. Sie benötigen zwischen zehn und zwanzig kleine Gegenstände, die nebeneinander auf einer Fläche verteilt werden. Das können z.B. Ringe, Schlüssel, Knöpfe, Stifte, Münzen, Lippenstifte, Schrauben, Löffel, Murmeln oder Steine sein, was auch immer Sie finden können. Betrachten Sie alle Gegenstände 30

Sekunden lang und versuchen Sie, sich jeden so gut wie möglich einzuprägen. Dann werden die Gegenstände mit einem Handtuch oder etwas Ähnlichem verdeckt und Sie müssen versuchen, alle Gegenstände aufzuzählen. Um die Übung kniffliger zu machen, versuchen Sie sich für jeden Gegenstand ein Detail zu merken, beispielsweise „Stift – rot“ oder „Münze – zwei Cent“. Sollte Ihnen das immer noch nicht schwierig genug sein, prägen Sie sich die Gegenstände ein und lassen Sie dann jemand anderen ein paar der Dinge wegnehmen, während Sie wegschauen. Versuchen Sie dann, innerhalb kurzer Zeit zu erkennen, welche Gegenstände fehlen.

Was ist im Zimmer?

Auch für diese Übung müssen Sie sich Dinge gut einprägen können. Gehen Sie dafür in ein beliebiges Zimmer und sehen Sie sich gut um. Nach einer halben Minute verlassen Sie es wieder und notieren auf einem Blatt Papier alle Gegenstände aus dem Raum, an die Sie sich erinnern können. Das ist nicht so leicht, wie es sich anhört! Gehen Sie am besten methodisch vor, versuchen Sie also z.B. als Erstes, sich an alle Gegenstände auf dem Boden oder an der Wand zu erinnern. So werden Ihre Aufmerksamkeit und Ihr Kurzzeitgedächtnis gefordert. Gehen Sie dann zurück ins Zimmer und überprüfen Sie, welche Gegenstände Sie vergessen haben. Führen Sie diese Übung mehrmals hintereinander mit dem gleichen Raum aus, bis Sie fast alle Gegenstände aufzählen können, oder nehmen Sie sich jedes Mal einen anderen Raum vor.

Koffer packen

Das „Ich-packe-meinen-Koffer" – Spiel kennt wohl jeder aus seiner Kindheit. Doch in jedem Alter ist es eine sehr gute Gedächtnisübung, die Konzentration und ein gutes Kurzzeitgedächtnis erfordert. Eine Person nennt dabei einen Gegenstand, der in einen imaginären Koffer gelegt wird. Dann muss eine zweite Person den bereits genannten Gegenstand sagen und einen weiteren hinzufügen, die dritte Person zählt die ersten Gegenstände der anderen auf und fügt ebenfalls einen weiteren hinzu. So geht das immer weiter. Wichtig ist, wirklich alle vorher bereits erwähnten Gegenstände in der richtigen Reihenfolge zu nennen. Sind Sie alleine, können Sie das Spiel auch alleine im Kopf spielen.

Sitzordnung

Für diese Übung brauchen Sie mehrere Mitspieler und Stühle für jeden von diesen. Merken Sie sich genau, wer wo sitzt und verlassen Sie dann den Raum. Dann müssen die Mitspieler ihre Plätze tauschen, sodass nur noch wenige oder niemand mehr auf seinem ursprünglichen Stuhl sitzt. Wenn Sie den Raum wieder betreten, besteht Ihre Aufgabe darin, die ursprüngliche Sitzordnung wiederherzustellen. So werden Ihr Kurzzeitgedächtnis und Ihr räumliches Denken gefordert. Je mehr Leute mitspielen, desto schwieriger wird die Übung.

Kleidungsstücke

Ganz ähnlich verläuft diese Aufgabe: Eine Person verlässt das Zimmer und tauscht ein Kleidungsstück aus. Wenn sie zurückkommt, müssen die anderen Personen erraten, was ausgetauscht wurde. Das beansprucht Ihre Aufmerksamkeit und Ihr Kurzzeitgedächtnis erheblich, besonders dann, wenn etwa nur ein Ohrring oder eine Krawatte ausgetauscht wurde.

Schwieriger wird es, wenn mehrere Kleidungsstücke ausgetauscht werden, die nicht auf den ersten Blick zu bemerken sind, wie z.B. Socken.

Phrasen wiederholen

Hierfür brauchen Sie eine Stoppuhr und einen beliebigen Text, den Sie noch nicht kennen. Nehmen Sie sich also einen Zeitungsartikel oder den Abschnitt eines Buches vor und stellen Sie die Zeit für zwei Minuten. Lesen Sie den Text dann intensiv immer wieder und prägen Sie ihn sich gut ein. Ist die Zeit um, verdecken Sie den Text und schreiben Sie ihn dann so wortgetreu wie möglich auf ein Blatt Papier. Natürlich muss es nicht exakt wortgetreu sein, doch versuchen Sie, sich an viele Phrasen zu erinnern. Überprüfen Sie dann, wie viel Sie richtig nachgeschrieben haben. Gestalten Sie die Übung schwerer, indem Sie sich für einen längeren Text nur eine Minute Zeit geben und auch das Wiederholen zeitlich begrenzen. Mit jedem Mal werden Sie besser darin, sich Texte und deren Wortlaut schnell einzuprägen.

Zusammenfassen

Beim Zusammenfassen von Inhalten muss Ihr Gehirn entscheiden, welche Informationen wichtig sind und welche aussortiert werden können.

Nehmen Sie sich einen Ihnen unbekannten Text vor, lesen Sie ihn ein bis zwei Minuten durch und fassen Sie ihn dann zusammen. Beschränken Sie sich dabei auf zwei oder höchstens drei Sätze, um die wesentlichen Punkte zu nennen. Erschweren Sie das Ganze, indem Sie das Gelesene in nur einem Satz zusammenfassen. Anfangs ist das noch schwierig, aber mit jedem Mal wird es Ihnen leichter fallen, unnötige Phrasen und Nebeninformationen auszublenden und sich auf das Wesentliche zu konzentrieren.

Richtige Reihenfolge

Bitten Sie eine Person darum, zehn Wörter hintereinander auf ein Blatt Papier zu schreiben. Die Worte müssen nicht sonderlich kompliziert sein oder etwas miteinander zu tun haben, da es bei dieser Übung nicht um das richtige Schreiben, sondern um die richtige Reihenfolge geht. Prägen Sie sich die Wortreihenfolge also zwanzig Sekunden ein, decken Sie sie dann ab und schreiben Sie die Worte in der Reihenfolge auf, die Sie sich gemerkt haben. Sie können sich eine Nummerierung zu den Worten vorstellen, das macht es aber nicht unbedingt einfacher. Stand „Giraffe“ an Stelle 7.

oder 8.? Ihr Kurzzeitgedächtnis muss sich noch mehr anstrengen, wenn Sie sich die Reihenfolge einzelner Buchstaben in nur 15 Sekunden merken müssen, z.B. j, z, d, b, ö, r, y, d, w, i.

Körper-Mnemotechnik

Bei der Körper-Mnemotechnik nutzen Sie Ihren Körper, um Ihr Kurzzeitgedächtnis zu unterstützen. Stellen Sie sich zuerst jedes Körperteil als eine "Station" vor. Zu jeder Station (Knie, Schulter, Hals etc.) ordnen Sie dann ein Wort und eine Assoziation zu. Versuchen Sie, sich so mal eine Einkaufsliste zu merken: Stellen Sie sich vor, in Ihren Schuhen sickert Milch durch Ihre Zehen. An Ihrer Schulter kleben zwei Scheiben Käse. In Ihren Kniekehlen wächst Feldsalat. Ordnen Sie jedem Körperteil etwas zu und gehen Sie dann einkaufen – Sie werden merken, dass Sie keinen Einkaufszettel brauchen, weil Sie beim Anblick Ihrer Füße oder Arme direkt an eines der benötigten Lebensmittel denken werden. (15)

Plus 3 Minus 7

Plus 3 Minus 7 ist eine numerische Gehirnübung, die

das Kurzzeitgedächtnis stärkt, weil Sie die Rechnungen schrittweise im Kopf durchführen müssen. Entscheiden Sie sich als Erstes für eine dreistellige Zahl. Rechnen Sie auf diese Zahl dann drei mal drei hinzu. Von der neuen Zahl ziehen Sie dann sieben mal sieben ab. Machen Sie diese Prozedur mindestens fünfmal und wählen Sie dann erneut eine dreistellige Zahl. Wenn Sie sich mehr zutrauen, können Sie auch mit einer vierstelligen Zahl anfangen und dann andere Zahlen benutzen, um Ihr Gehirn noch mehr zu fordern. So könnten Sie z.B. mit 1265 anfangen und immer 12 addieren und dann 11-mal minus 11 rechnen.

Details

Um Ihr bildliches Kurzgedächtnis zu verbessern, bietet sich diese Übung an. Entscheiden Sie sich jeden Tag oder zumindest mehrere Tage in der Woche schon morgens für ein Detail, auf das Sie dann den ganzen Tag achten werden. Zum Beispiel: Welche Kleidungsstücke tragen die Leute, die Sie sehen? Welche Tiere sehen Sie, wenn Sie unterwegs sind? An wie vielen Ampeln standen Sie? Wie viele rote Autos haben Sie den Tag über gesehen? Führen Sie eine Art mentale Strichliste und versuchen Sie am Ende des Tages, sich so an viele Details des Tages zu erinnern. Haben Sie sich also morgens vorgenommen, sich die Kleidung der Menschen um Sie herum zu merken, wählen Sie drei Fremde aus und schreiben Sie auf, welche Kleidungsstücke sie getragen haben. Oder zählen Sie alle Hunderassen auf, die Ihnen auf der Straße begegnet sind. So werden Sie viel aufmerksamer und können sich Details schneller merken.

Auf einen Blick

Lesen Sie sich die folgende kleine Geschichte einmal durch und beantworten Sie dann die Fragen. Überprüfen Sie Ihre Antworten erst, wenn Sie alle Fragen beantwortet haben.

In einem weit entfernten Land lebten einmal vier Drachen. Der erste Drache hieß Sturm und hatte violette Schuppen. Der zweite Drache hieß Wolke, der dritte Nebel. Beide hatten gelbe Schuppen. Der vierte Drache hieß Sonne und hatte wunderschöne blaue Schuppen. Ihr Zuhause war eine kleine Höhle inmitten eines großen Berges, der direkt am Meer lag. Auf dem Berg gab es eine große Vielfalt an weiteren Fabelwesen und dazu prächtige Blumen.

Die Blumen waren hauptsächlich in Rosa und Gelb gepunktet, die Einhörner waren strahlend weiß und hatten orangene Hörner. Die kleinwüchsigen Riesen kümmerten sich um die Einhörner und waren auch mit den Drachen befreundet. Sie durften sogar auf ihnen fliegen, allerdings nicht auf Sturm, denn er war etwas zu wild und flog gerne kopfüber. Trotzdem verstanden sich die Riesen gut mit ihm und brachten ihm seine Lieblingsspeise, Muscheln vom Strand. Im Gegenzug heizte Sturm ihre Kessel an.

Fragen:

Welche Farbe haben die Schuppen vom Drachen Sonne?

Wo wohnen die Drachen? Was liegt in der Nähe des Berges?

Wie sehen die Blumen im entfernten Land aus?

Welche Farbe haben die Hörner der Einhörner?

Wie groß sind die Riesen?

Warum fliegen die Riesen nicht auf Sturm?

Zeichnen

Für diese Aufgabe brauchen Sie Papier und einen Stift. Suchen Sie sich einen Gegenstand im Zimmer aus und prägen Sie ihn sich 30 Sekunden gut ein. Versuchen Sie dann, den Gegenstand so genau wie möglich nachzuzeichnen, ohne Details zu vergessen. So trainieren Sie Ihre Beobachtungsfähigkeit und Ihr Kurzzeitgedächtnis. Möchten Sie die Übung schwieriger machen, versuchen Sie auch die Schattierungen des Gegenstands nachzuzeichnen, oder verkürzen Sie die Beobachtungszeit.

3.5 MultiTasking

Wenn wir mal ehrlich sind, ist der Mensch nicht wirklich für Multitasking geschaffen. Wir arbeiten einfach am besten, wenn wir uns auf eine einzige Sache konzentrieren können. Unser Gehirn schaltet nämlich ständig zwischen unterschiedlichen Aufgaben hin und her und muss stets entscheiden, was wichtiger ist. Trotzdem haben wir oft keine andere Wahl, als uns auf mehrere Aufgaben gleichzeitig zu fokussieren, weil wir sonst keine Zeit für anderes Wichtiges haben. Für viele erhöht Multitasking den Stresspegel nur noch, andere gehen darin auf. Das ist nicht, wie oft angenommen, geschlechtsspezifisch, sondern für jeden anders. So oder so, auch Multitasking kann erlernt werden. Integrieren Sie die folgenden Übungen in Ihren Alltag, um Ihr Gehirn darauf einzustellen, sich mehreren Dingen gleichzeitig zu widmen und sich nicht ablenken zu lassen. (6, 9 ,12 ,14)

Schrittzähler

Ob der Weg zur Arbeit oder die kurze Strecke zum Einkaufen; jeden Tag laufen Sie zu Fuß von Ort zu Ort. Trainieren Sie Ihre Multitasking-Fähigkeiten, indem Sie während des Laufens im Kopf Ihre

Schritte zählen. Sollten Sie sich verzählen, fangen Sie einfach von vorne an. Ist diese Aufgabe zur Routine geworden, steigern Sie die Herausforderung, indem Sie Ihre Schritte zählen, während Sie joggen oder indem Sie nur jeden zweiten oder dritten Schritt in Gedanken mitzählen. Noch nicht schwer genug? Zählen Sie, während Sie beim Spazierengehen telefonieren.

Richtige Reihe

Für das Gehirn ist die größte Herausforderung beim Multitasking, dass zwischen unterschiedlichen Aufgaben und Anforderungen gesprungen werden muss. Wie schwer das ist, zeigt diese Aufgabe: Nehmen Sie einen Stift und Papier und zeichnen Sie eine Tabelle mit drei Spalten. In die erste Spalte sollen untereinander die Zahlen eins bis zehn geschrieben werden, in der zweiten Spalte werden zehn Säugetiere aufgelistet und in der dritten Spalte sollen erneut die ersten zehn Zahlen stehen, allerdings mit römischen Zahlen.

Also Zahl I Säugetier I römische Zahl.

Würden Sie diese Tabelle Spalte für Spalte nach unten hin ausfüllen, würden Sie wohl nur ein paar

Sekunden brauchen. Füllen Sie aber immer eine Zeile und dann die nächste aus, kann Ihr Gehirn nicht eine Aufzählung abschließen, sondern muss sich immer wieder den drei Spalten gleichzeitig widmen. Füllen Sie also so aus:

1 – Hund – I und dann die nächste Zeile, also 2 – Elefant – II und so weiter. Versuchen Sie, die Tabelle so schnell wie möglich auszufüllen und Ihr Gehirn wird lernen, schneller von Aufgabenbereich zu Aufgabenbereich zu springen.

Ungewohnte Kombinationen

Um Koordination, Gleichgewicht und Konzentration gleichzeitig zu trainieren, können Sie alltägliche Praktiken zu etwas Ungewöhnlichem machen. Führen Sie als Rechtshänder mehr Tätigkeiten mit der linken Hand aus und kombinieren Sie das mit Gleichgewichtsübungen. Bürsten Sie sich die Haare mit Ihrer nicht-dominanten Hand und stellen sich dabei auf ein Bein, oder putzen Sie sich Ihre Zähne mit der nicht-dominanten Hand und gehen Sie dabei in die Hocke.
Am Anfang sind solche Übungen noch sehr schwer, doch das Gehirn kann in kurzer Zeit neue

Bewegungsmuster speichern und sich so umgewöhnen.

Farbe, Tier, Beruf, Marke

Versuchen Sie, innerhalb von 30 Sekunden für jeden der gegebenen Buchstaben eine Farbe, ein Tier, einen Beruf und eine Marke zu finden und schreiben Sie die Begriffe auf ein Blatt Papier. Seien Sie dabei möglichst kreativ – je länger und komplexer die Worte, desto besser (z.B. „Grabesgrau“ anstatt nur „Grau“). Fügen Sie, wenn Sie wollen, noch mehr und komplexere Kategorien hinzu, wie Kündigungsgrund, Mordwaffe, Kleidungsstück, Schauspieler, Buchtitel etc. Erschweren Sie die Aufgabe zusätzlich, indem Sie sich für jeden Buchstaben nur 20 Sekunden oder sogar 10 Sekunden geben. Ihr Gehirn arbeitet dann auf Hochtouren und muss innerhalb kurzer Zeit verschiedene Denkprozesse steuern.

R – G – B – F – V – S – O – P – L – Z

Koordinationsübungen

Diese physischen Übungen trainieren Ihre

Koordination und fördern die Synapsenbildung.

- Winkeln Sie als Erstes Ihr rechtes Bein an und drehen es im Kreis linksherum. Drehen Sie Ihre rechte Hand gleichzeitig rechtsherum. Das Gleiche wiederholen Sie dann mit dem linken Bein und der linken Hand.

- Halten Sie Ihre Hände vor sich, mit den Handflächen zu Ihnen gedreht. Nehmen Sie dann alle Finger in die Handfläche und strecken Sie nur den kleinen Finger der rechten Hand und den Daumen der linken Hand aus. Ballen Sie die Hände kurz zu Fäusten und strecken Sie dann die Zeige- und Mittelfinger beider Hände aus. Ballen Sie die Hände dann erneut zu Fäusten und strecken Sie wieder nur den Daumen der linken Hand und den kleinen Finger der rechten Hand aus, bevor Sie die Hände wieder ballen und so weiter. Machen Sie diese Übung so schnell wie möglich, ohne dabei aus dem Rhythmus zu kommen.

- Kreisen Sie Ihren rechten Arm in großen Bewegungen vorwärts und parallel den linken Arm in die entgegengesetzte Richtung. Wechseln Sie die Richtung nach etwa Zwanzigmal.

- Setzen Sie sich und legen Sie Ihre linke Hand auf Ihren linken Oberschenkel, sodass die Handfläche nach oben schaut. Legen Sie Ihre rechte Hand auf Ihren rechten Oberschenkel mit der Handfläche nach unten. Heben Sie dann beide Hände im Takt an, machen Sie mit beiden eine Faust und legen Sie die Hände dann wieder umgekehrt ab und wiederholen Sie dies.

Teamsport

Eine spaßige und anstrengende Art, Ihre Multitasking-Fähigkeiten zu verbessern, ist der Sport im Team. Während Sie Fußball, Basketball, Tennis, Volleyball oder andere Teamsportarten spielen, muss Ihr Gehirn schnell reagieren und kombinieren können. Sie lernen, Ihre körperlichen Grenzen auszutesten und trainieren Ihre Kondition. Gleichzeitig müssen Sie stets alles im Blick haben, um dem Spiel folgen zu können. So werden Sie auch im Alltag reaktionsschneller und lassen sich in stressigen Situationen schwerer aus der Ruhe bringen, da Sie es gewohnt sind, beim Mannschaftssport mehrere kognitive Herausforderungen auf einmal zu meistern.

Bewegen und Lernen

Studien zeigen, dass Bewegungen beim Aufnehmen von Informationen sogar helfen können, weil sich so neue Synapsen besser bilden und sich das Netzwerk im Gehirn intensiver verzweigt. Wenn Sie das nächste Mal etwas auswendig lernen oder intensiv durchlesen müssen, laufen Sie während des Lesens einfach etwas herum. Den positiven Effekt, den das Laufen hat, haben Sie vielleicht schon einmal gespürt, wenn Sie sich mit jemandem beim Spazierengehen unterhalten haben. Beim Gehen fällt es oft leichter, freier zu reden und auch klarer zu denken. Testen Sie das mit dieser kleinen Übung: Lesen Sie einen kleinen Text, am besten einen Zeitungsartikel, während Sie still auf einem Stuhl sitzen. Lesen Sie dann einen anderen Artikel, während Sie laufen (am besten an der frischen Luft). Das Gehirn wird dabei zwar noch etwas mehr angestrengt, weil Sie parallel zum Lesen auch noch aufpassen müssen, dass Sie gegen keine Gegenstände oder andere Menschen laufen. Doch Sie werden merken, dass Sie den zweiten Artikel viel besser in Erinnerung haben werden als den Ersten.

Gleichgewicht

Stellen Sie sich für diese Aufgabe auf ein Bein und versuchen Sie währenddessen, Denkaufgaben zu lösen. Gehen Sie z.B. die 8er Reihe bis 200 durch, zählen Sie so viele Primzahlen auf wie Sie können oder nennen Sie spontan fünfzehn Wörter mit dem Anfangsbuchstaben K, ohne dabei das Gleichgewicht zu verlieren. Ihr körperliches und geistiges Gleichgewicht ist dabei sehr wichtig. Je länger Sie die Übung durchführen, desto schwieriger wird es.

Sequenzen-Kreis

Stellen Sie sich mit fünf bis zehn Personen in einen Kreis und gehen Sie die folgenden Sequenzen durch: Zählen Sie als Erstes das Alphabet auf, dann die Zahlen eins bis 36 in 3er Schritten, dann von eins bis 72 in 6er Schritten. Jede Person benennt einen Buchstaben oder eine Zahl, die Person zu Ihrer Rechten macht dann weiter, bis alle Sequenzen durch sind. Das sollte nur wenige Minuten dauern.

Jetzt kommt die Multitasking-Herausforderung: Während Sie sich im Kreis durch die Sequenzen arbeiten, weist eine Person die Gruppe dazu an, zu einer anderen Sequenz zu wechseln.

Zum Beispiel: A, B, C – Wechsel zu 3er Schritten – 3, 6 – Wechsel zum Alphabet – D, E, F, G – Wechsel zu 6er Schritten – 6, 12, 18 – Wechsel zu 3er Schritten und so weiter.

Die Übung wird so schwieriger und wahrscheinlich auch langsamer, versuchen Sie aber trotzdem, ein gewisses Tempo beizubehalten.

Bälle werfen

Für diese Übung benötigen Sie einen Partner und einen Ball. Stellen Sie sich Ihrem Partner gegenüber und werfen Sie sich den Ball gegenseitig zu. Lösen Sie dann gleichzeitig Rechenaufgaben oder zählen Sie Zahlenreihen auf. Gehen Sie zum Beispiel die 7er Reihe durch, müssen Sie und Ihr Partner abwechselnd 7 zu der zuvor genannten Zahl addieren und das Ergebnis dann laut aussprechen, sobald Sie den Ball fangen. Das Ganze kann auch mit anderen Aufzählungen gespielt werden. Zählen Sie zum Beispiel Automarken auf, Tiere mit dem Anfangsbuchstaben M oder Namen von Schauspielern. Theoretisch können Sie die Übung so lange durchführen, bis Ihnen nichts mehr einfällt. Sie trainieren so Ihre körperlichen Reflexe und die Schnelligkeit Ihrer Denkprozesse gleichermaßen.

Gestalten Sie die Aufgabe schwieriger, indem Sie den Abstand zwischen sich und Ihrem Partner vergrößern oder schwierige Rechenaufgaben lösen müssen. Es können auch Punkte vergeben werden für den, der den Ball am schnellsten wieder wirft und ihn nicht lange in den Händen behält, während er antwortet.

Schreiben und Knobeln

Die folgenden Fragen sind Knobelaufgaben, für deren Lösung Sie um die Ecke denken müssen. Bevor Sie damit anfangen, nehmen Sie sich aber bitte ein Blatt Papier und einen Stift. Schreiben Sie mit Ihrer dominanten Hand immer wieder die Zahl acht auf das Papier, kreuz und quer oder nebeneinander. Lesen Sie sich dann die Aufgaben durch und versuchen Sie, die richtigen Antworten zu finden und sie aufzuschreiben. So muss sich Ihr Gehirn auf Ihre Handmotorik und aufs logische Denken gleichzeitig konzentrieren. Wenn Sie die Aufgabe erschweren wollen, schreiben Sie die Acht mit Ihrer nicht-dominanten Hand. Richtig kompliziert wird es, wenn Sie nicht fortwährend eine Zahl, sondern alle Zahlen von eins bis zehn schreiben und sich dann ans Knobeln machen.

1. In welcher Sprache sprechen Menschen kein Wort?
2. Was passt niemals in einen Topf, unabhängig seiner Größe?
3. Wie viele Monate haben 28 Tage?
4. Zwei Väter und zwei Söhne stehen vor einem Spiegel, es sind aber nur drei Personen zu sehen. Warum?
5. Womit fängt der Tag an und hört die Nacht auf?
6. Wer lebt von der Hand in den Mund?
7. Was verschwindet, wenn man seinen Namen ausspricht?
8. Was will jeder werden, aber keiner sein?
9. Was kommt einmal in der Minute, zweimal im Moment, aber nie in tausend Jahren vor?
10. Was gibt es im Dezember, das es in keinem anderen Monat gibt?
11. Welches Tier feiert sein Leben lang Geburtstag?

3.6 Allgemeinwissen

Es gibt viele Arten, Ihr Allgemeinwissen auf die Probe zu stellen. Spiele wie Stadt, Land, Fluss beispielsweise machen Spaß und sind nebenbei lehrreich. Auch Kreuzworträtsel gibt es überall zu finden und das Lösen der Fragen lässt uns Erfolg verspüren, der das Lernen positiv beeinflusst. Dabei wird vor allem das Langzeitgedächtnis gefordert, denn unser Hirn muss Informationen abrufen, die wir oft schon vor Jahren abgespeichert haben, teilweise in der Schule. Testen Sie mit den folgenden Fragen Ihr Allgemeinwissen und verzagen Sie nicht, wenn Sie mit Ihren Antworten falsch liegen – auch so lernen Sie dazu. Die Lösungen finden Sie im gleichnamigen Kapitel. (16)

1. Wie viele Knochen hat ein menschlicher Körper im Durchschnitt?

- 109
- 187
- 241
- 206

2. Wie lautet der Name des ersten deutschen Bundespräsidenten?

- Heinrich Lübke
- Gustav Heinemann
- Theodor Heuss
- Walter Scheel

3. Für die Bildung welches Vitamins braucht der Mensch Sonnenlicht?

- Vitamin A
- Vitamin B12
- Vitamin E
- Vitamin D

4. Welche Sportart wird beim amerikanischen "Superbowl" gespielt?

- Hockey
- American Football
- Basketball
- Rugby

5. Welcher Planet darf seit 2006 nicht mehr als solcher bezeichnet werden?

- Uranus
- Merkur
- Jupiter
- Pluto

6. Laut der griechischen Mythologie ist Hades der Gott der Unterwelt. Wie heißt seine Gattin, die ihn des Öfteren beschwichtigt?

- o Athene
- o Demeter
- o Persephone
- o Hera

7. Wann verkaufte Apple sein erstes iPad?

- o 2010
- o 1999
- o 2008
- o 2013

8. Welches dieser Tiere hält keinen Winterschlaf?

- Igel
- Eichhörnchen
- Frosch
- Bär

9. In welcher Höhe hängt der Korb beim Basketball?

- 2,20 Meter
- 3,05 Meter
- 3,35 Meter
- 2,85 Meter

10. Mit welchem Instrument werden Erschütterungen von Erdbeben gemessen?

- Geigerzähler
- Metronom
- Seismograph
- Sextant

11. Welche Personen werden zum "Club 27" gezählt?

- Erfolgreiche Sportler, die mit unter 27 Jahren ihre Karriere beenden.
- Schauspieler, die erst nach dem 27. Lebensjahre durchgestartet sind.
- Die 27 führenden Erdgasproduzenten.
- Künstler, die mit 27 Jahren starben.

12. In welcher Metropole wohnen die meisten Menschen?

- Rio
- Tokio
- New York
- Shanghai

13. Wer prägte die Vision der freien Marktwirtschaft?

- Ludwig Erhard
- Helmut Schmidt
- Adam Smith
- Karl Marx

14. Welches Attentat gilt als Auslöser des Ersten Weltkrieges?

- o Attentat von Weimar
- o Attentat von Budapest
- o Attentat von Sarajevo
- o Attentat von Wien

15. Wie weit ist der Mond von der Erde entfernt?

- o 390.000 Kilometer
- o 120.000 Kilometer
- o 65.000 Kilometer
- o 440.000 Kilometer

16. Wann wurde die erste Internetseite veröffentlicht?

- 1987
- 1993
- 1991
- 1987

17. Wie heißt der höchste Berg Österreichs?

- Wildspitze
- Wasserkuppe
- Großglockner
- Weißkugel

18. 12 Grad Celsius sind in Fahrenheit...

- 53,6 Grad
- 22,8 Grad
- -15 Grad
- 0 Grad

19. Was wird in Lichtjahren gemessen?

- Helligkeit
- Anziehungskraft
- Entfernung
- Zeit

20. Welche Politikerin wurde als "Eiserne Lady" bezeichnet?

- Hillary Clinton
- Angela Merkel
- Theresa May
- Margaret Thatcher

21. Welcher Planet ist am weitesten von der Sonne entfernt?

- Neptun
- Saturn
- Venus
- Jupiter

22. Eine Zahl, die nur durch eins und sich selbst teilbar ist, ist eine...

- Pi-Zahl
- Negativzahl
- Primzahl
- Sekundärzahl

23. Wie heißt die Hauptstadt von Rumänien?

- Bukarest
- Belgrad
- Sofia
- Budapest

24. Wie heißt die Leipziger Gaststätte, in die Goethe oft einkehrte?

- Wolfgangs Keller
- Auerbachs Keller
- Gretchens Keller
- Dichterkeller

25. Wie heißt die Hauptschlagader des Menschen?

- Vene
- Kanüle
- Arterie
- Aorta

26. Wie heißen die verfeindeten Familien in "Romeo und Julia" von Shakespeare?

- Capulette und Montargo
- Capulet und Montague
- Carpot und Montage
- Carpulette und Monargu

4 Logikrätsel

Und, haben Sie ein paar der Übungen ausprobiert? Wenn Ihnen die Gedächtnisübungen Spaß gemacht haben, versuchen Sie doch mal, die Logikrätsel dieses Kapitels zu lösen. Textverständnis, logisches Denken und Rechenfähigkeiten sind hier gefragt. Die Lösungen finden Sie nach den Power-Tipps. Viel Spaß beim Knobeln! (vgl. 7, 10 , 11)

1. Lange Haare

Maria hat kürzere Haare als Angelika. Susanne hat längere Haare als Tanja. Maria hat längere Haare als Susanne. Tanja hat kürzere Haare als Angelika. Maria hat lange Haare.

Wer hat die längsten Haare?

2. Wahrscheinlichkeit

Fünf Leute haben sich in einer Bar verabredet und bestellen jeweils einen anderen Drink. Weil sehr viel los ist, ist der Kellner durcheinander und stellt einfach vor jedem einen Drink ab, ohne zu beachten, wer was bestellt hat.
Wie hoch ist die Wahrscheinlichkeit, dass genau vier

Leute den von Ihnen bestellten Drink bekommen haben?

3. Kekse

Thomas und Sabine haben von ihren Eltern Kekse bekommen. Thomas behauptet: Gibst du mir einen von deinen Keksen, haben wir gleich viele. Gebe ich dir einen von meinen Keksen, hast du doppelt so viele wie ich.
Wie viele Kekse haben die beiden zusammen?

4. Alter

Katarina ist zwölf Jahre älter als Karsten, beide sind zusammen 27 Jahre alt. Wie alt ist Karsten?

5. Igel

Eine Gruppe Igel überquert eine Straße. Hinter dem ersten Igel laufen zwei Enten. Vor dem mittleren Igel läuft ein Igel und vor dem letzten Igel laufen zwei Igel.
Wie viele Igel überqueren die Straße?

6. Sommerschlussverkauf

Während des Sommerschlussverkaufs wird ein Kleid um 20% reduziert. Gegen Ende des Schlussverkaufs ist es aber noch immer nicht verkauft. Deswegen wird der Preis noch einmal um 40% gesenkt. Jetzt kostet das Kleid noch 60 Euro. Wie teuer war es vor der ersten Preissenkung?

7. Mord

Ein Mann wurde in seinem Auto mit einem Messer erstochen. Jedoch sind alle Wagentüren geschlossen und verriegelt, kein Fenster ist offen und der Wagen hat keinerlei Beschädigungen. Wie konnte der Mann trotzdem getötet werden?

8. Münze

Michael macht sich nach einer langen Sauftour auf den Weg nach Hause, als er auf der Straße vor sich eine Münze entdeckt. Obwohl der Himmel bewölkt ist und keine Straßenlaterne an ist, hat er sie schon von Weitem gesehen. Wie kann das sein?

9. Lügner

Fünf Freunde unterhalten sich.
Anna: „Bettina lügt genau dann, wenn Daniel die Wahrheit sagt."
Bettina: „Wenn Christian die Wahrheit sagt, ist entweder Anna oder Daniel ein Lügner."

Christian: „Emil lügt, und auch Anna oder Bettina lügen."
Daniel: „Wenn Bettina die Wahrheit sagt, dann sicher auch Anna oder Christian."
Emil: „Unter Anna, Christian und Daniel befindet sich mindestens ein Lügner."
Genau zwei der Freunde lügen. Wer?

10. Geschenk

Von drei Kindern bekommt jedes ein Geschenk, das es sich gewünscht hat. Ihre Mutter erinnert sich aber nicht mehr daran, was in welchem Paket war. Mit welcher Wahrscheinlichkeit bekommen genau zwei Kinder ihr passendes Geschenk?

11. Falsches Wort

Welches dieser Wörter passt nicht in die Reihe?

häufig – oft – ständig – wiederholt
Delfin – Hai – Makrele - Barsch
Regen – Hagel – Tornado – Nebel
Boa – Kobra – Kreuzotter – Blindschleiche
Kelvin – Ohm – Fahrenheit - Celsius

12. Falscher Name

Welcher dieser Namen passt nicht in die Reihe?
Hermann Hesse – Albrecht Dürer – Stefan Zweig – Heinrich Heine

13. Kubikmeter

Ein Pool ist 50 Meter lang und hat eine Breite von 20 Metern. Die Tiefe des Pools beträgt 2 Meter.
Wie viel Kubikmeter Wasser passen hinein?

14. Falsche Zahl

Welche dieser Zahlen passt nicht in die Reihe?
4 - 8 - 16 - 30 - 64 - 128

15. Befragung

In einer Firmenkantine wurde eine Umfrage durchgeführt, die bestimmen sollte, ob die Mitarbeiter eher Kaffee oder Tee bevorzugen. Es wurden 100 Leute befragt. Das Ergebnis besagt, dass 78 von ihnen Kaffee trinken, 71 trinken Tee. Kaffee und Tee trinken 48. Die Firma lehnte den Bericht ab, weil er angeblich fehlerhaft sei. Warum?

16. Falsche Ziffern

In diesen Rechnungen sind mehrere Ziffern auf der linken Seite zu viel. Bestimmen Sie, welche Zahlen wegfallen müssen, damit das Ergebnis aufgeht.

650 + 273 = 83

391 + 6365 + 5758 = 1605

918 + 780 = 88

459 + 128 = 57

78 + 2517 = 595

176 + 96 + 40 = 276

673 + 235 + 97 = 399

782 + 434 = 512

17. Autokauf

David, Lukas und Tom kaufen sich jeweils ein neues Auto. Es handelt sich um ein blaues, ein grünes und ein Cabrio. Die Preise für die Autos liegen bei 20.000 Euro, 30.000 Euro und 40.000 Euro. Davids Auto kostet 10.000 Euro weniger als das Auto von Tom.

Der blaue Wagen ist nicht der billigste, das Cabrio nicht das teuerste Auto. Das Fahrzeug von Lukas ist nicht das teuerste. Tom hat nicht das grüne Auto erworben und Lukas hat nicht das Cabrio gekauft.

Welches Auto hat David gekauft und wie teuer war es?

18. Variable

In den folgenden Rechnungen steht ein Buchstabe für eine feste Zahl. Bestimmen Sie die richtige Zahl, damit die Rechnung aufgeht. Achtung! Beachten Sie die Punkt- vor Strichregel.

6z + z6 + 6z = y1w

9c + 2 + ca = cab

28 + 42 + m6 = n26

80 – 3e + g2 = 138

19. Tabletten

Sie sind krank und müssen drei Tabletten einnehmen. Sie sollen sie in einem Abstand von 30 Minuten einnehmen. Wie lange brauchen Sie, um alle Tabletten zu nehmen?

20. Knochen

Bello ist nicht der schnellste Hund, wenn es darum geht, sich den leckeren Knochen zu schnappen. Wilmar und Rex sind ungefähr gleich schnell. Sam ist schneller als Rex, jedoch langsamer als Lady. Paul ist langsamer als Wilmar und schneller als Brutus. Bello ist schneller als Paul.

Welcher der Hunde bekommt den Knochen?

5 Power-Tipps

Hier finden Sie die wichtigsten Tipps und Bedingungen für optimales Gehirnjogging noch einmal zusammengefasst. Wenn Sie sich an diese Regeln halten und weiter nach geistigen Herausforderungen suchen, werden Sie bald überrascht davon sein, wie viel Ihr Gehirn tatsächlich leisten kann.

Gesunder Körper, gesunder Geist

Ihr Gehirn braucht eine gute Sauerstoffzufuhr, um zu funktionieren. Haben Sie also viel Denkarbeit vor sich, gehen Sie vorher kurz an die frische Luft. Auch die Ernährung ist besonders wichtig: Über diese bekommt Ihr Körper die Energie, die er zum Handeln und Denken braucht. Es gibt sogenanntes "Brainfood", das sich besonders positiv auf das Gedächtnis auswirkt. Dazu gehören Fisch, Brokkoli, Kaffee, dunkle Schokolade, Nüsse, Blaubeeren und Avocados – also Lebens- und Genussmittel, die sich leicht in den Ernährungsplan einbauen lassen. Und auch Sport ist wichtig. In Kombination mit Gehirnjogging vor allem Koordinations- und Gleichgewichtsübungen, die Körper und Geist gleichzeitig fordern und zusammenarbeiten lassen. Aber auch Dehnübungen, Konditionstraining und Mannschaftssport unterstützen die kognitiven Fähigkeiten.(5, 9)

Stress regulieren

Einer der größten Faktoren, der zu Vergesslichkeit und Unkonzentriertheit führt, ist Stress. Auf der einen Seite ist Stress wichtig, weil wir so aktiv bleiben. Zu viel schadet uns aber und macht uns schneller müde und unaufmerksam. Räumen Sie sich daher jeden Tag ein bisschen freie Zeit ein und nutzen Sie diese zum Meditieren und Runterkommen. Regelmäßige Regeneration ist auch für das Gedächtnis wichtig, genauso wie soziale Kontakte. Der Austausch mit Familie und Freunden ist essenziell für Ihr inneres Gleichgewicht. Wer sich einsam und missverstanden fühlt, kann negative Gedanken nicht abschütteln und sich deswegen auch schlechter konzentrieren und Lösungen finden.

Spielerisch im Alltag lernen

Sich vor den Computer zu setzen und stundenlang mathematische Rätsel zu lösen ist zwar fordernd und unterstützt das logische Denken, hat aber nur einen kurzen positiven Effekt. Wenn Sie Ihr Gehirn langfristig fit halten wollen, müssen Sie Gehirn-jogging in Ihren Alltag einbauen. Nur immer wieder durchgeführte Übungen optimieren Ihre kognitiven Fähigkeiten auf lange Sicht und führen dazu, dass Sie irgendwann einfach automatisch Dinge auswendig lernen oder ohne Navigationssysteme den richtigen Weg finden. Gezieltes, effektives Denken sollte keine einmalige Herausforderung sein, sondern zur Gewohnheit werden. Am häufigsten machen Sie natürlich die Aufgaben, die Ihnen am meisten Spaß machen. Zwar sollten Sie ab und zu auch mal etwas ausprobieren, was Sie als sehr schwierig empfinden, doch haben Sie einmal ein geistiges "Trainingsprogramm" für sich zusammengestellt, werden Sie sich wahrscheinlich auch daran halten.

Viele Wege führen ans Ziel

Geistige Fähigkeiten sollten auf verschiedene Arten trainiert werden. Unser Gehirn merkt sich Dinge nämlich am besten, wenn mehrere Techniken zum Lernen angewandt werden. Es gibt unterschiedliche Lerntypen: Manche lernen am besten, wenn sie anderen zuhören, manche bevorzugen stilles Lesen, lautes Lesen, visuelle Darstellungen oder aktive Handlungen. Egal welcher Kategorie Sie sich zugehörig fühlen, allgemein macht die Vielfältigkeit der Lernmethoden eine Menge aus. So lernen Sie Vokabeln am besten, wenn Sie sie aufschreiben, sprechen, anderen erklären und sich ein Bild dazu vorstellen.

Demnach gibt es auch viele Arten Gehirnjogging zu betreiben, ohne dass es Ihnen wie wirkliches Training vorkommt. Lösen Sie anspruchsvolle Kreuzworträtsel, spielen Sie Memory oder Sudoku, lesen Sie Bücher, machen Sie einen Tanzkurs, lernen Sie Schach oder eine neue Sprache. Egal in welchem Alter, das Gedächtnis kann und sollte immer gefordert werden, auf die eine oder andere Art.

Sie haben noch nicht genug? Dann möchte ich Ihnen Gregor Staub vorstellen!

Gregor Staub ist einer der bekanntesten Coaches im Bereich Gedächtnistraining. Er war in den vergangenen 30 Jahren immer wieder zu Gast bei deutschsprachigen Radio- oder TV-Sendern, z. B. Sat.1, NDR, ARD oder regionalen Sendern.

Über den nachfolgenden QR- Code gelangen Sie ganz bequem auf seine Willkommensseite!

Einfach scannen oder nachfolgenden Link im Browser eingeben

SCAN ME

https://bit.ly/355jP1O

6 Lösungsteil

Operatoren

4 + 5 – 6 + 3 = 6 54 – 42 + 2 = 11 + 3 19 – 15 + 11 – 10 * 19 = 95 19 + 8 + 8 + 2 – 8 = 29

6 * 3 * 2 * 9 + 19 – 10 = 333 7 * 4 + 10 * 1 + 18 + 3 = 59 6 – 18 – 3 * 14 – 5 = -215

2 + 15 + 10 – 7 + 14 = 34

Zahlenreihen

1. 8 2. 256 3. 120 4. 3 5. 27 6. 25

Tiernamen

Katze, Pferd, Eidechse, Amsel, Frosch, Hund, Chamäleon, Fledermaus, Giraffe, Esel, Nilpferd, Spinne, Schwein, Fuchs, Hirsch, Qualle, Adler, Meerschweinchen

Verschmolzene Worte

Honig, Tee – Kerze, Löffel – Autor, Riese – Lampe, Wäsche – Papier, Buch – Wiese, Marker – Decke, Hand – Tisch, Möbel – Heizung, Böller – Hund, Auto – Schminke, Rasen – Wirrnis, Ente – Laden, Dieb – Haus, Warnung – Schmerzen, Freude – Licht, Schiff –

Rasen, Bild – Hallo, Ei

Verschwundene Selbstlaute

Dokument – Experiment – Türgriff – Müllhalde – Werkstatt – Frühling – Wortspiel – Zimmer – Pflanze – Bücher – Schnittmenge – Bettlaken – Kleiderschrank – Treppenstufen – Sendung – Flughafen – Fenster – Bilder

Zu viele Buchstaben

Springen, Katze, Raben, Flughafen, Tritt, Teich, Zugfahrt, Leben, Mannschaft, Liebe, Puzzle, Wälder, Postbote, Schlüssel, Stift, Wasser

Richtige Sprichwörter

A. Reden ist Silber, Schweigen ist Gold.
B. Rom wurde auch nicht an einem Tag erbaut.
C. Viele Köche verderben den Brei.
D. Kleine Kinder, kleine Probleme, große Kinder, große Probleme.
E. Kommt Zeit, kommt Rat.
F. Liebe geht durch den Magen.
G. Kleider machen Leute. (vgl. 19)

H. Das ist Jacke wie Hose.

I. Der Apfel fällt nicht weit vom Stamm.

J. Der April macht was er will.

K. Der frühe Vogel fängt den Wurm. (vgl. 20)

Schreiben und Knobeln

1. Körpersprache 2. der Deckel 3. Alle 4. drei Personen stehen vor dem Spiegel: Opa, Vater, Sohn 5. mit "t" 6. Zahnarzt 7. die Stille 8. Alt 9. der Buchstabe m 10. ein "d" 11. Eintagsfliege

Allgemeinwissen

1. 241

2. Theodor Heuss

3. Vitamin D

4. American Football

5. Pluto

6. Persephone

7. 2010

8. Eichhörnchen

9. 3,05 Meter

10. Seismograph

11. Künstler, die mit 27 Jahren starben

12. Tokio

13. Adam Smith

14. Attentat von Sarajevo

15. 390.000 Kilometer

16. 1991

17. Großglockner

18. 53,6 Grad

19. Entfernung

20. Margaret Thatcher

21. Neptun

22. Primzahl

23. Bukarest

24. Auerbachs Keller

25. Aorta

26. Capulet und Montague

Logikrätsel

1. Angelika hat die längsten Haare.
2. Die Wahrscheinlichkeit liegt bei 0 Prozent.
3. Thomas und Sabine haben zusammen 12 Kekse.
4. Karsten ist 7,5 Jahre alt, Katarina 19,5 Jahre.
5. Drei Igel überqueren die Straße.
6. Das Kleid hat ursprünglich 125 Euro gekostet.
7. Der Mann saß in einem Cabrio.

8. Es ist helllichter Tag, als Michael nach Hause läuft.

9. Bettina und Emil lügen.

10. Die Wahrscheinlichkeit ist 0; wenn zwei Kinder ihr richtiges Geschenk bekommen, bekommt es auch das dritte.

11. Ständig, Delphin, Tornado, Blindschleiche und Ohm passen nicht in die Reihe.

12. Albrecht Dürer war kein Autor, sondern Maler.

13. 2000 Kubikmeter Wasser passen in den Pool.

14. 30 ist falsch, es müsste 32 sein – die Zahlen verdoppeln sich.

15. Die Umfragewerte geben an, dass 30 Leute nur Kaffee trinken, 23 nur Tee und 48 Kaffee und Tee. Das wären insgesamt 101

Personen, es wurden aber nur 100 befragt.

Der Bericht ist also fehlerhaft.

16. 60 + 23 = 83 391 + 636 + 578 = 1605
8 + 80 = 88 49 + 8 = 57
78 + 517 = 595 176 + 96 + 4 = 276
67 + 235 + 97 = 399 78 + 434 = 512

17. David hat das 30.000 Euro teure Cabrio erworben.

18. 67 + 76 + 67 = 210 (y=0, z=7, w=0)
91 + 2 + 10 = 103 (a=1, b=0, b=3, c=1)
28 + 42 + 56 = 126 (m=5, n=1)
80 – 34 + 92 = 138 (e=4, g=9)

19. Sie brauchen genau eine Stunde: z.B. die erste um 12 Uhr, die zweite um 12:30 Uhr und die dritte um 13 Uhr.

20. Lady bekommt den Knochen.

Wenn Ihnen der Ratgeber *"Gehirnjogging für Erwachsene"* gefällt, dann empfehlen Sie ihn weiter!

Bewertungen sind unter www.amazon.de möglich.

7 Quellen

1. Bachert, Katja: „Mit besseren Tricks zum besseren Gedächtnis“, https://www.focus.de/wissen/mensch/campus/tid-11747/erinnerungsvermoegen-mit-einfachen-tricks-zum-besseren-gedaechtnis_aid_331357.html

2. Gesundheitsinformation: „Wie funktioniert das Gehirn?“, https://www.gesundheitsinformation.de/wie-funktioniert-das-gehirn.2143.de.html

3. Korte, Martin: „Warum wir vergessen“, https://www.spektrum.de/news/gedaechtnis-warum-wir-vergessen/1580324

4. Schneyink, Doris: „Ein Biopsychologe über das Vergessen“, https://www.stern.de/gesundheit/ein-biopsychologe-erklaert-das-vergessen---und-warum-es-so-nuetzlich-ist-8794958.html

5. Bärbel Drexel: „5 Tipps, wie Sie Ihr Gedächtnis trainieren können", https://www.baerbel-drexel.de/blog/gehirn

6. Heidelberger, Burkhard: „Gehirnjogging für Jung und Alt: 50 Übungen", https://www.zeitblueten.com/50-gehirnjogging-uebungen/

7. Brainfit: „Denksport & Brainteaser", http://www.brain-fit.com/html/logik.html

8. Hofmann, Markus: „Gedächtnistraining - 20 Tipps für ein besseres Erinnerungsvermögen", https://www.unvergesslich.de/blog/detail/gedaechtnistraining-20-tipps-fuer-ein-besseres-erinnerungsvermoegen/

9. Canada Life: „Gehirnjogging: Workout für die Grauen Zellen", https://www.fresh-clear-strong.de/sport-fitness/gehirnjogging/

10. Denksportaufgaben und Rätsel, http://www.denksport-raetsel.de

11. Ahano: „Logisches Denken und Rechenfähigkeit“, https://www.ahano.de/gehirnjogging-gedaechtnistraining/logisches-denken-rechenfaehigkeit/

12. Liechti, Marcel: „Gehirntraining: Dual-Tasking Übungen unterstützen den Transfer optimal“, https://www.neuronalfit.ch/gehirntraining-dual-tasking-ubungen-unterstutzen-den-transfer-optimal/

13. GesünderNet: „Brainjogging-Special“, https://www.gesuendernet.de/specials/brainjogging/item/536-brainjogging-special-—-teil-2-kreativität.html

14. Otto, Anne: „Sport tut auch dem Gehirn gut“,

https://www.spiegel.de/gesundheit/diagnose/mit-fitness-und-koordinations-uebungen-das-gehirn-trainieren-a-1267376.html

15. Philognosie: „Körper-Mnemotechnik“, https://www.philognosie.net/denken-lernen/gedaechtnistraining-uebungen-die-koerper-mnemotechnik

16. Geolino: „Allgemeinwissen“, https://www.geo.de/geolino/quiz-ecke/20184-quiz-allgemeinwissen-quiz-wie-gut-ist-euer-allgemeinwissen

17. Kunst und so. „Zungenbrecher“, http://www.kunstundso.com/2011/08/17/ubungen-fur-deutliches-sprechen-das-20-minuten-programm/

18. Wikipedia: „Zungenbrecher“, https://de.wikipedia.org/wiki/Zungenbrecher

19. Sprichwort- Plattform: http://www.sprichwort-plattform.org/sp/Sprichwort

20. Deutsch-werden.de: https://deutsch-werden.de/de/beliebteberuehmte-und-kurze-deutsche-sprichwoerter

Bilderquellenverzeichnis

Autor: Alberto Zornetta / *Website*: https://shutterstock.com / Stockfoto-Nummer: 105913850

Impressum:

Kontakt: Andre Sierk / Bremer Straße 60 /10551 Berlin
Verlag: Independently published
Covergestaltung lauria, www.fiverr.com

Printed in Poland
by Amazon Fulfillment
Poland Sp. z o.o., Wrocław

69309249R00069